Macarons
und Petits Fours

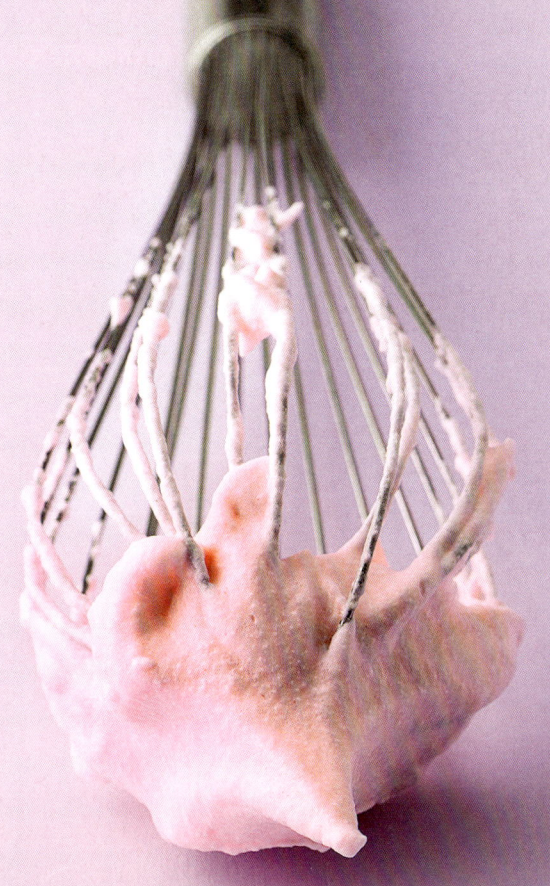

AUTOREN: ADELHEID SCHMIDT-THOMÉ, CORNELIA KLAEGER | FOTOS: JÖRN RYNIO

Praxistipps

Extra

Rezepte

Das Handwerkszeug fürs Mini-Gebäck

Eine Grundausstattung zum Backen für Petits Fours haben Sie sicher schon im Schrank – und das eine oder andere fehlende Teil könnte eine Anschaffung wert sein.

Backformen

Kleine Törtchen brauchen kleine Formen. Hier ist das Angebot sehr vielfältig: Es gibt sie in verschiedenen Größen, Formen und Materialien. Große Haushaltswarengeschäfte oder Kaufhäuser bieten das gängige Sortiment an. Speziellere Wünsche – die fangen schon bei Formen mit 10 cm Ø an – kann man sich von einem Internetversender (Adressen s. S. 61) erfüllen lassen.

Für unsere Rezepte haben wir verwendet: Tartelett- und Obstbodenförmchen; Brioche-, Schiffchen- und Savarinformen. Wenn Sie sich neue Tartelettformen anschaffen, kaufen Sie möglichst welche mit herausnehmbarem Boden. Das erleichtert das Herauslösen der Törtchen enorm.

Vieles haben wir in Muffinformen gebacken, in den »normalen« (7,5 cm Ø) und den Minis (4,5 cm Ø). Für die »normale« Größe gibt es das »Muffinblech« aus Metall oder Silikon bzw. einzelne Förmchen aus Metall, Papier, Folie oder Silikon. Wenn die nicht ausreichen, können Sie auch ohne Weiteres ofenfeste Tassen nehmen.

Für die Minis gibt es auch ein »Blech« aus Metall oder Silikon.

Kleine Tortenringe sind für manche Petits Fours praktisch, aber relativ teuer. Wer diese erst mal nicht anschaffen möchte, kann sich behelfen, indem er Muffinformen oder Tassen verlängert. Dazu extrastarke Alufolie oder Backpapier in entsprechender Höhe und Länge zuschneiden (für 5 cm Ø 14 cm lang, mit 1 cm zum Überlappen) und seitlich zusammentackern.

Arbeitsgerät

Alles, was man sonst zum Backen braucht, ist auch hier wichtig:

Teigrolle, Teigschaber, Pinsel, Tortenmesser oder Palette, Handrührgerät, Messbecher bzw. Babyfläschchen für kleine Mengen, digitale Küchenwaage.

Zusätzlich brauchen Sie einen Spritzbeutel mit verschiedenen Tüllen. Wir finden die Einmal-Spritzbeutel sehr praktisch: Sie sind nicht so groß, und man kann von ihnen eine Spitze in der benötigten Größe abschneiden.

Eine Pralinengabel ist hilfreich, um Petits Fours aufzuspießen und in Glasur zu tauchen. Notfalls tut eine Kartoffelgabel denselben Dienst. Auf beiden hält das Gebäck (das aber trotzdem kompakt und stabil sein muss) besser als auf einer ganz normalen Gabel.

Ohne Backpapier geht gar nichts. Für manches Gebäck, wie Macarons und Baisers, lohnt sich die Investition in Dauerbackfolie oder in eine Silikonmatte; davon lässt es sich besonders leicht lösen. Zumindest aber sollten Sie Backpapier von guter Qualität verwenden!

Zuckerguss, Sirup, Cremes

Sie vollenden Backwerke. Cremes und Zuckerguss können noch mit Obst, Gewürzen, Spirituosen, Nüssen oder Schokolade aromatisiert und gefärbt werden.

Einfacher Zuckerguss Um 8–10 Petits Fours (s. S. 43) zu glasieren, 200 g Puderzucker mit 3–4 EL Milch, Wasser oder einer anderen Flüssigkeit (z. B. Zitrusfruchtsaft oder Spirituose) verrühren. Generell gilt: Je mehr Zucker, desto zäher wird der Guss. Zum Färben statt Wasser & Co. Fruchtsaft nehmen oder ein paar Tropfen Lebensmittelfarbe unterrühren.

Eiweiß-Spritzguss (Royal Icing) 1 Eiweiß schaumig schlagen, 250 g gesiebten Puderzucker löffelweise unterheben. Ein paar Tropfen Zitronensaft dazugeben und ca. 5 Min. weiterschlagen, bis die Masse sehr steif ist und glänzt. Zum Aufspritzen von Motiven, Garnituren oder als dicke Zuckerglasur.

Kandierte Zitrusschalen & Zitrussirup 5 EL Zucker mit 200 ml Wasser in einem Topf verrühren. Erhitzen, bis sich der Zucker aufgelöst hat; 3 Min. bei mittlerer Hitze kochen lassen. Dann eine dünn abgeschnittene Schale von 1 Bio-Zitrusfrucht in den Zuckersirup geben, alles 15–30 Min. bei schwacher Hitze köcheln lassen, bis ein zäh fließender Sirup entstanden ist. Gebäck mit Sirup und Schalen überziehen oder nur mit den Schalen garnieren.

Ganache Für eine schnittfeste Ganache (z. B. zum Überziehen von 8–10 Petits Fours, s. S. 43) 150 g gehackte Zartbitter- bzw. 175 g Vollmilch- oder weiße Schokolade mit 50 g heißer (nicht kochender) Sahne oder Crème fraîche übergießen und darin auflösen. Für eine streichfähige Ganache 50 g Sahne und 100 g Zartbitter- bzw. 125 g weiße oder Vollmilchschokolade nehmen. Sie eignet sich zum Bestreichen von ca. 8 gebackenen Tartelettböden oder zum Füllen von 8–10 Petits Fours (s. S. 43).

Klassische Buttercreme 1/8 l Milch mit 1/4 aufgeschlitzten Vanilleschote und 25 g Zucker aufkochen. 2 Eigelb mit 25 g Zucker, 20 g Speisestärke und 1/8 l kalter Milch verquirlen. Die Eiermilch langsam unter die heiße Vanillemilch rühren. Creme unter Rühren bei mittlerer Hitze aufkochen; vom Herd nehmen; zimmerwarm abkühlen lassen. Dann 175 g weiche Butter cremig rühren, löffelweise unter die Creme rühren. Bis zur Verwendung zugedeckt kalt stellen. Zum Füllen von ca. 16 Petits Fours (s. S. 43).

Konditorcreme Sie ist im Prinzip die klassische Buttercreme ohne Butter und schmeckt als Füllung für Tartelets und Törtchen.

Mandelcreme 2 sehr frische Eier mit 100 g Zucker und 1 Päckchen Vanillezucker cremig rühren. 1 EL Amaretto und 100 g geschälte gemahlene Mandeln untermischen. 2 TL Sofort-Gelatine unterrühren. Kühl stellen. Kann anstelle von Konditorcreme verwendet werden. Reicht zum Füllen von 6–8 Tartelets; diese anschließend mit Obst belegen.

Beeren-Coulis 300 g Beeren (tiefgekühlt und aufgetaut oder frisch) pürieren. Ca. 2 EL Zucker in 1 TL Zitronensaft und 1–2 EL heißem Wasser auflösen und unter das Püree mischen. Durch ein Sieb streichen. Mit Likör (z. B. Cassis oder Himbeergeist) abschmecken. Als Spiegel auf Teller gießen und die Törtchen darauf servieren.

Zuckerguss gefärbt

Eiweiß-Spritzguss

Zitrusschale & -sirup

Ganache

Buttercreme

Beeren-Coulis

Umhüllen mit Zuckerteig

Zuckerteig ausrollen

Petits Fours umhüllen

Petits Fours dekorieren

Profi-Patissiers umhüllen ihre Petits Fours mit Fondant. Den kann man übers Internet bestellen – oder etwas Ähnliches selber zubereiten.

Das Rezept 600 g Puderzucker, 80 g flüssige lauwarme Butter und ½ Eiweiß (L) mit den Knethaken des Handrührgeräts zu einem geschmeidigen Teig verarbeiten. Luftdicht in einen Gefrierbeutel packen. So kann man den Teig etwa 1 Woche aufbewahren. Nicht in den Kühlschrank legen. Die Teigmenge reicht für ca. 24 Petits Fours (s. S. 43).

Färben Zuckerteig auf eine mit Puderzucker bestäubte Arbeitsfläche geben und ein paar Tropfen Speisefarbe unterkneten. Den Teig durchschneiden und prüfen, ob er durchgefärbt ist.

Ausrollen Einen großen Gefrierbeutel (3 l) an einer Längs- und der unteren Schmalseite aufschneiden. Einen Teil des Teigs hineinlegen und mit der Teigrolle etwa 2 mm dick ausrollen. Von allen Seiten rollen, dabei eine Beutelseite öfter vom Teig lösen und glatt wieder auflegen.

Überziehen Die Kuchen brauchen eine Konfitüreschicht als »Kleber«. Sind sie schon mit Marzipan überzogen, genügt es, dieses mit Wasser, Weinbrand, Rum o. Ä. anzufeuchten.

Den Beutel aufklappen. Für Würfel »Deckel« für oben und Streifen für die Seiten zuschneiden, die so breit sind wie die Würfel hoch. Vorsichtig abnehmen (mit einer Hand unter den Beutel fassen und nachhelfen). Die Hände müssen trocken und sauber sein – zwischendurch immer wieder abtrocknen. Deckel auf, Streifen um die Kuchen legen. Rundum andrücken und die Kanten ein bisschen nachmodellieren. Für runde Küchlein ein genügend großes Quadrat (Seitenlänge = zweimal die Höhe plus einmal der Durchmesser) ausschneiden, auflegen und andrücken. Evtl. mithilfe einer etwas größeren Ausstechform andrücken. Überschüssigen Teig abschneiden und wiederverwenden.

Dekorieren Die überzogenen Petits Fours mit anders gefärbten Stücken (z. B. Streifen, Kreise, Blüten) aus Zuckerteig belegen, diese vorher mit etwas Wasser anfeuchten. Wer handwerklich geschickt ist, kann Zuckerteig beliebig formen.

Muster »malen« Weißen oder gefärbten Zuckerguss oder Eiweiß-Spritzguss (beide s. S. 6) in einen kleinen Spritzbeutel füllen. Eine Mini-Spitze abschneiden und Linien, Punkte oder andere Muster auf die überzogenen Kuchen spritzen.

Törtchen dekorieren

Im Supermarkt und über das Internet gibt es viele Deko-Zutaten: bunten und verschieden groben Zucker, Zuckerperlen, Zuckerschrift, Lebensmittelfarben, Marzipanfiguren, Schoko-Ornamente, Raspelschokolade und vieles mehr. Hier noch ein paar Anregungen aus der Konditoren-Deko-Kiste.

Beeren Zum Dekorieren anfeuchten, durch Zucker ziehen, trocknen lassen. Auf die Kuchen legen.

Blüten oder Früchte zuckern Dafür Beeren oder essbare Blüten (aus Bio-Anbau) waschen und trocken tupfen. 1 TL Gummiarabikum (Apotheke) mit 1 EL Zucker mischen, dann ½ Eiweiß (L) und 50 ml kaltes Wasser untermischen. Früchte oder Blüten eintauchen und in Zucker wälzen, auf einer Silikonmatte trocknen lassen. Kann man gut schon Tage vorher zubereiten.

Marmoreffekt Zucker- oder Schokoladenglasur auf mit Marzipan überzogene Küchlein gießen. Andersfarbigen Guss als Punkte daraufsetzen und mit einer Pralinengabel zu Schlieren verziehen. Gut trocknen lassen.

Ornamente Ein Muster auf Papier zeichnen, Backpapier darüberlegen. Eiweiß-Spritzguss (s. S. 6) in Tütchen füllen und das Muster aufspritzen. Evtl. noch verzieren, z. B. Perlen auf Spitzen oder Ecken setzen. Trocknen lassen und abnehmen. Schön sehen auch kleine Tupfen oder Linien auf den überzogenen Kuchen aus.

Zuckerblüten und -figuren Lassen sich wie die Ornamente ebenfalls aus Spritzguss herstellen. Die Konturen werden hierfür dicker aufgetragen und anschließend ausgefüllt.

Zuckerfäden 75 g Zucker mit 2 EL Wasser aufkochen und bei schwacher bis mittlerer Hitze hellbraun karamellisieren lassen. Eine Suppenkelle oder einen Löffelrücken ölen. Mit einer Gabel aus dem Karamell Fäden ziehen und um die Rundung legen. Rasch arbeiten, der Zucker wird schnell fest! Fäden abnehmen und zum Dekorieren verwenden. Oder die Fäden direkt um die Fours spinnen.

Marzipan-Ornamente Marzipanrohmasse mit Puderzucker (3 : 1) geschmeidig kneten und mit Lebensmittelfarbe einfärben. Ornamente (z. B. Kreise) ausschneiden, auf die Fours legen und die Konturen mit Spritzguss nachfahren oder damit Muster obenauf malen.

Schokoladenblätter Saubere, unbehandelte Blätter, z. B. Lorbeerblätter, in geschmolzene Schokolade tauchen. Auf Pergamentpapier trocknen lassen. Vorsichtig abziehen.

Marmoreffekt

Ornamente

Zuckerfäden

Ei, ei – Macarons

Baisers, Meringues, Macarons: Gebäck aus Eischnee wird immer wieder neu erfunden. Aktuell im Trend sind die bunten gefüllten Macarons aus Frankreich, die Baisers sind eher ein Klassiker.

Baiser-Eclairs

2 Eiweiß (M) | 60 g Zucker
50 g gesiebter Puderzucker
1 knapper EL Speisestärke
½ EL Kaffeepulver
8–10 Kaffeebohnen
100 g Schokolade mit Kaffeearoma

Für 8–10 kleine Stück
🕐 30 Min. Zubereitung | 1 Std. Backen

1 Ein Backblech mit Dauerbackfolie belegen. Die Eiweiße mit den Quirlen des Handrührgeräts bei kleiner Stufe schaumig schlagen. Bei höherer Stufe weiterschlagen und nach und nach den Zucker einrieseln lassen, bis der Schnee ganz steif ist. Dann den Puderzucker unterschlagen. Vorsichtig die Speisestärke und das Kaffeepulver unterheben.

2 Backofen auf 150° vorheizen. Baiser in einen Spritzbeutel mit Sterntülle füllen, 16–20 schmale, kurze Stäbe auf das Backpapier spritzen. Die Kaffeebohnen zerbröseln und über die Hälfte der Stäbe streuen. Baisers im Ofen (Mitte; Umluft nicht geeignet) etwa 1 Std. trocknen lassen. Sie sollen nicht bräunen, evtl. einen Holzlöffel in die Tür klemmen oder eher herausnehmen. Ganz auskühlen lassen.

3 Schokolade über dem warmen Wasserbad schmelzen. Die unbestreute Hälfte der Baisers vorsichtig (sie sind zerbrechlich!) mit flüssiger Schokolade bestreichen. Dann so mit den anderen Hälften zusammensetzen, dass die mit den Kaffeebohnenstückchen bestreuten Baiserstäbe oben sind.

Pariser Chic

Macarons mit Rosencreme

Macarons sind eigentlich »nur« Makronen. Pariser Patissiers haben sie veredelt, und nun sind sie dabei, auch unsere Konditoreien und Cafés zu erobern.

Für die Baisermasse:
50 g Mandeln | 75 g Puderzucker
1 Msp. Backpulver
1 Eiweiß (L) | 1 Prise Salz
20 g Zucker
rote flüssige Lebensmittelfarbe

Für die Rosencreme:
1 Eigelb | 1 EL Zucker
1 TL Speisestärke
2 EL Rosenblütenwasser (Apotheke,
Reformhaus oder Asienladen)
50 ml Milch
50 g weiche Butter | 1 EL Puderzucker

Für 13 Stück | ⏲ 1 Std. Zubereitung
15 Min. Backen | 2 Std. Kühlen

1 Backblech mit einer Silikonmatte oder Dauer-backfolie belegen. Für die Baisermasse die Mandeln schälen (s. Tipp S. 14) und im Blitzhacker fein mahlen. Mit dem Puderzucker noch mal mahlen, Backpulver untermischen. Das Eiweiß mit Salz schaumig schlagen. Den Zucker einrieseln lassen und das Eiweiß sehr steif schlagen. Tropfenweise Lebensmittelfarbe (etwa 15 Tropfen) dazugeben. Die Mandel-Puderzucker-Mischung mit einem Rühr-löffel unterheben (Bild 1).

2 Die Baisermasse in einen Spritzbeutel mit glat-ter Tülle füllen (Bild 2). Auf das Blech 26 Kreise mit ca. 4 cm Ø spritzen (Bild 3). Die Macarons an einem warmen Ort 30 Min. ruhen lassen. Sie verlaufen im Idealfall ein wenig und werden oben glatt. An der Oberfläche sollen sie jetzt nicht mehr kleben.

3 Den Backofen auf 150° (Umluft 130°) vorheizen. Inzwischen für die Creme das Eigelb mit Zucker weißcremig schlagen. Speisestärke mit Rosenwasser glattrühren. Die Milch aufkochen. Eigelbcreme und Rosenwasser in die kochende Milch rühren. Bei schwacher Hitze eindicken lassen. In eine Schüssel füllen und die Creme abkühlen lassen, bis sie zimmerwarm ist, mit Klarsichtfolie abdecken.

4 Die Macarons im heißen Ofen (Mitte) 12–15 Min. backen. Auf dem Blech abkühlen lassen. Die Butter mit Puderzucker cremig rühren und löffelweise die Creme einrühren. Rosencreme in einen Spritzbeutel mit kleiner Sterntülle füllen und auf die Hälfte der Macarons (Bild 4) spritzen. Die Törtchen zusammen-setzen und vor dem Servieren 2 Std. kühl stellen.

TIPPS

Mandeln mahlen: Wer keinen Blitzhacker hat, muss die gemahlenen Mandeln durch ein feines Sieb geben und darf die groben Teile nicht verwenden. Die Macarons wer-den sonst nicht glatt und nehmen die Farbe nicht gut an.
Macarons aufbewahren: Ohne Füllung halten sich die Macaron-Schalen in einer geschlossenen Blechdose mindestens 1 Woche.
Lebensmittelfarben: Rot, Gelb und Grün bekommt man in der Backabteilung von guten Supermärkten, in der Apotheke auch noch Blau. Bei Internetversendern ist die Auswahl groß. Die Farben lassen sich auch mischen.

schön fruchtig

Himbeer-Macarons

Macarons sind etwas für kreative Geister. Die Schalen nehmen alles auf: Buttercreme in jeder Geschmacksrichtung, Eis und Obst – immer passend zur Farbe!

Für die Baisermasse: 50 g Mandeln | 75 g Puder-zucker | 1 Msp. Backpulver | 1 Eiweiß (L) | 1 Prise Salz | 20 g Zucker
Für die Himbeercreme: 100 g weiche Butter 50 g Himbeeren | 50 ml Himbeersirup

Für 13 Stück | ⊚ 40 Min. Zubereitung
30 Min. Ruhen | 15 Min. Backen | 2 Std. Kühlen

1 Ein Backblech mit Dauerbackfolie belegen. Für die Baisermasse die Mandeln schälen (s. Tipp) und im Blitzhacker fein mahlen. Mit dem Puderzucker noch mal mahlen, Backpulver untermischen. Das Eiweiß mit Salz schaumig schlagen. Den Zucker ein-rieseln lassen und das Eiweiß sehr steif schlagen. Anschließend die Mandelmischung mit einem Rührlöffel unterheben.

2 Baisermasse in einen Spritzbeutel mit glatter Tülle füllen. Aufs Blech 26 Kreise mit ca. 4 cm Ø spritzen. 30 Min. an einem warmen Ort ruhen las-sen. Backofen auf 150° (Umluft 130°) vorheizen und die Macarons darin (Mitte) 12–15 Min. backen. Auf dem Blech abkühlen lassen.

3 Für die Himbeercreme die Butter cremig rühren. Die Himbeeren mit dem Sirup pürieren und löffel-weise unter die Butter rühren. Die Macarons mit der Creme zusammensetzen und 2 Std. kühl stellen. Für die Deko auf die Oberflächen nach Belieben dünne Schoko- oder Zuckerguss-Streifen spritzen.

TIPP – MANDELN SCHÄLEN

Die Mandeln in kochendem Wasser 2 Min. brühen, dann abgießen. Die Kerne zwischen den Fingern aus den Häutchen drücken. Vor dem Mahlen sollten sie trocknen – am besten im Backofen oder auf der Heizung.

gelingt leicht

Macarons Kokos-Schoko

Für die Baisermasse: 35 g Mandeln | 100 g
Puderzucker | 30 g Kokosflocken | 1 Eiweiß (L)
30 g feiner Zucker | 10 Schoko-Chips
Für die Füllung: 75 g Sahne | 50 g Zartbitter-
schokolade

Für 10 Stück | ⊚ 30 Min. Zubereitung
30 Min. Ruhen | 10 Min. Backen

1 Für die Füllung Sahne erwärmen. Schokolade
hacken und in der Sahne schmelzen. Kalt stellen.

2 Ein Backblech mit Dauerbackfolie belegen. Die
Baisermasse wie auf S. 14 beschrieben zubereiten,
zusätzlich Kokosflocken zur Mandelmischung geben.
Wie auf S. 14 beschrieben 20 Kreise auf das Blech
spritzen und ruhen lassen. Auf 10 Macarons je
1 Schoko-Chip setzen und im vorgeheizten Ofen
9–10 Min. backen.

3 Schokosahne steif schlagen. Die Macarons
damit so zusammensetzen, dass die Schoko-Chip-
Baisers oben sind. Kalt stellen.

für Sommerparties

Eis-Macarons

Für die Baisermasse: 50 g Mandeln | 75 g Puder-
zucker | 1 Msp. Backpulver | 1 Eiweiß (L) | 1 Prise
Salz | 20 g Zucker | flüssige Lebensmittelfarbe
nach Belieben
Für die Füllung: 120 g Eiscreme

Für 13 Stück | ⊚ 20 Min. Zubereitung
30 Min. Ruhen | 15 Min. Backen

1 Ein Backblech mit Dauerbackfolie belegen. Die
Baisermasse wie auf S. 14 beschrieben zubereiten
(dabei evtl. färben), aufs Blech spritzen und ruhen
lassen. Backofen auf 150° (Umluft 130°) vorheizen
und die Macarons darin 12–15 Min. backen. Ganz
auskühlen lassen.

2 Das Eis in kleinen Kugeln auf 13 Schalen setzen,
dann die anderen Schalen daraufsetzen.
Die Macarons sofort servieren.

üppig gefüllt

Mille Macarons

Für die Baisermasse:
50 g Mandeln | 75 g Puderzucker
1 Msp. Backpulver | 1 Eiweiß (L)
1 Prise Salz | 20 g Zucker
blaue und rote flüssige Lebensmittelfarbe
Für die Füllung:
150 g Heidelbeeren
50 g Quark
50 g Mascarpone | 1–2 EL Zucker

Für 8 Stück | ⏱ 50 Min. Zubereitung
30 Min. Ruhen | 15 Min. Backen

1 Backblech mit Dauerbackfolie belegen. Mandeln schälen (s. Tipp S. 14) und im Blitzhacker fein mahlen. Mit dem Puderzucker noch mal mahlen, Backpulver untermischen. Das Eiweiß mit Salz schaumig schlagen. Zucker einrieseln lassen und das Eiweiß sehr steif schlagen. Tröpfchenweise rote und blaue Farbe dazugeben (insgesamt etwa 10 Tropfen) und den Baiser damit lila färben. Mandelmischung mit einem Rührlöffel unterheben.

2 Baisermasse in einen Spritzbeutel mit glatter Tülle füllen. Auf das Blech 24 Kreise mit 4 cm Ø spritzen. Dann 30 Min. an einem warmen Ort stehen lassen. Backofen auf 150° (Umluft 130°) vorheizen und die Macarons darin (Mitte) 12–15 Min. backen. Auf dem Blech abkühlen lassen.

3 Heidelbeeren waschen und vorsichtig trocken tupfen. 8 Beeren beiseitelegen. Quark, Mascarpone und Zucker verrühren. Nun 8 Baisers auf eine Platte setzen und knapp die Hälfte der Creme darauf verteilen, die Hälfte der Beeren daraufsetzen. Weitere

8 Baisers daraufsetzen (evtl. etwas Creme auf die Unterseiten streichen, damit sie besser halten). Nochmals Creme (bis auf ca. 1 TL) und restliche Beeren auf den Baisers verteilen. Letzte Baisers aufsetzen, mit restlicher Creme Tupfen in die Mitte setzen und je 1 Beere hineinsetzen.

Lieblingskombi mit Schoko

Banana-Macarons

Für die Baisermasse:
50 g Mandeln | 75 g Puderzucker
1 Msp. Backpulver | 1 Eiweiß (L) | 1 Prise Salz
20 g Zucker | 1 EL Kakaopulver
Für die Füllung:
2 Bananen | 1 EL brauner Zucker
50 ml Schokoladensauce (Fertigprodukt)
Puderzucker zum Überstäuben nach Belieben

Für 13 Stück | ⏱ 20 Min. Zubereitung
30 Min. Ruhen | 15 Min. Backen

1 Ein Backblech mit Dauerbackfolie belegen. Die Baisermasse wie auf S. 14 beschrieben zubereiten, dabei mit der Mandelmischung den Kakao unterheben. Die Masse aufs Blech spritzen, ruhen lassen und backen. Ganz auskühlen lassen.

2 1 Banane zerdrücken, mit Zucker verrühren und auf 13 Macaron-Schalen streichen. Die andere Banane in schmale Scheiben schneiden, auf das Püree legen und Schokoladensauce darüberträufeln. Die restlichen Baiserschalen auflegen. Die Macarons evtl. mit Puderzucker überstäuben. Bald servieren.

EI, EI – MACARONS

Passionsfrucht-Törtchen

Aus schlichten kleinen Baiserböden und aromatischer Passionsfrucht-Quark-Creme lassen sich beeindruckende Törtchen kreieren.

3 Eier
225 g Zucker
2 Blatt weiße Gelatine
2 Passionsfrüchte (80 ml Fruchtfleisch)
40 ml Weißwein
150 g Sahnequark
20 g Zartbitterschokoladeraspel

Für 10 Stück | ⊕ 1 Std. Zubereitung
1 Std. 30 Min. Backen | 4 Std. Kühlen

1 Den Backofen auf 100° vorheizen. Auf einen Bogen Backpapier 20 Kreise à 5 cm ⌀ zeichnen. Backpapier mit der Zeichnung nach unten auf ein Backblech legen.

2 Die Eier trennen. Die Eiweiße mit 150 g Zucker in einer Metallschüssel verquirlen. Über ein kochendes Wasserbad setzen und die Eiweiße schlagen, bis sie ganz steif sind (Bild 1). Dabei darauf achten, dass kein Dampf in die Eiweißmasse gelangt.

3 Die Baisermasse in einen Spritzbeutel mit großer Lochtülle füllen. Jeden Kreis auf dem Backpapier von der Kreismitte aus spiralförmig nach außen mit Baisermasse füllen (Bild 2). Die Baiserböden ca. 1 Std. 30 Min. im Ofen (unten, Umluft nicht geeignet) trocknen. Vorsichtig vom Blech nehmen und auf einem Gitter auskühlen lassen.

4 Inzwischen für die Füllung die Gelatine in kaltem Wasser nach Packungsangabe einweichen. Die Passionsfrüchte halbieren und das Fruchtfleisch her-

auslöffeln; nach Belieben durch ein Sieb streichen, um die Kernchen zu entfernen. Passionsfruchtfleisch, Wein und 40 g Zucker in einem Topf bei mittlerer Hitze in 4–5 Min. auf die Hälfte einkochen. Die Gelatine ausdrücken und in dem heißen Sirup auflösen (Bild 3); etwas abkühlen lassen. Die Eigelbe mit dem restlichen Zucker hell und cremig schlagen. Quark und Sirup unterrühren. Die Creme kalt stellen, bis sie stabil und streichfähig ist.

5 10 Baiserböden mit etwa der Hälfte der Creme bestreichen, die restlichen 10 Böden daraufsetzen. Die Törtchen rundherum mit der restlichen Creme bestreichen (Bild 4). Die Schokoladenraspel über die Törtchen streuen. Sofort servieren.

CLEVER VORBEREITEN
Baiserböden und Passionsfruchtcreme können Sie am Tag zuvor backen bzw. zubereiten – die Creme bleibt streichfähig. Wichtig ist, die fertiggestellten Törtchen sofort zu servieren, damit sie nicht durchweichen.

Augenschmaus

Meringue-Törtchen

Für die Baisermasse:
100 g Mandeln
150 g Puderzucker
2 Msp. Backpulver
2 Eiweiß (L) | 1 Prise Salz
40 g Zucker | gelbe flüssige Lebensmittelfarbe
Für die Füllung:
100 g säuerliche Konfitüre (z. B. Herrenkonfitüre,
Preiselbeeren oder Kirsch-Cassis-Konfitüre)
200 g Sahne

Für 10 Stück | ⏱ 20 Min. Zubereitung
30 Min. Ruhen | 15 Min. Backen

1 Zwei Backbleche mit Dauerbackfolie belegen.
Die Mandeln schälen (s. Tipp S. 14) und im Blitzhacker fein mahlen. Mit dem Puderzucker noch mal
mahlen, Backpulver unterheben. Eiweiße mit Salz
schaumig schlagen. Den Zucker einrieseln lassen
und den Schnee ganz steif schlagen. Tröpfchenweise Farbe dazugeben (ca. 10–15 Tropfen). Die
Mandelmischung mit einem Rührlöffel unterheben.

2 Baisermasse in einen Spritzbeutel mit glatter
Tülle füllen. Auf jedes Blech 5 Kreise à ca. 8 cm Ø
spritzen, dabei von der Kreismitte aus spiralförmig
nach außen spritzen. Die Macarons 30 Min. an
einem warmen Ort ruhen lassen.

3 Den Backofen auf 150° (Umluft 130°) vorheizen
und die Macarons darin (Mitte) ca. 15 Min. backen.
Auf den Blechen abkühlen lassen.

4 Schalenunterseiten mit Konfitüre bestreichen.
Die Sahne steif schlagen, in einen Spritzbeutel füllen und als Tupfen auf die Törtchen setzen.

aus Italien | für Süßschnäbel

Ciambelline

40 g Butter
40 g trockene Kekse (z. B. Butterkekse,
Löffelbiskuits)
70 g gemischte Nusskerne (z. B. Pinienkerne,
Hasel- und Walnüsse)
30 g getrocknete Apfelringe
30 g getrocknete Pflaumen
2 EL Likör nach Geschmack (ersatzweise
Apfelsaft)
1 Eiweiß (S) | 1 Prise Salz | 50 g Zucker
6 kleine Kugeln Zitroneneis (ca. 60 g)
Puderzucker zum Bestäuben

Für 6 Savarinformen à 8 cm Ø
⏱ 50 Min. Zubereitung | 2 Std. Kühlen

1 Die Butter zerlassen. Die Kekse in einen Gefrierbeutel geben, mit einer Teigrolle fein zerbröseln.
Die Nusskerne fein hacken. Die Trockenfrüchte fein
würfeln. Alles in einer Schüssel mischen. Flüssige
Butter und Likör unterrühren.

2 Die Masse auf die Förmchen verteilen und gut
fest drücken. Für 2 Std. in den Kühlschrank stellen
oder 20 Min. ins Gefriergerät.

3 Kurz vor dem Servieren den Backofengrill vorheizen. Die Kränze auf eine ofenfeste Platte stürzen.
Eiweiß mit Salz schaumig schlagen, dann mit dem
Zucker sehr steif schlagen. In einen Spritzbeutel mit
Sterntülle füllen. In die Kränze je 1 Kugel Eis setzen
und diese mit Baisertupfen besetzen. Im Ofen unter
dem Grill ca. 1 Min. überbacken, bis das Baiser gold-
gelb ist. Ciambelline mit Puderzucker bestäuben
und sofort servieren.

Klassiker

Pawlowas

Australien und Neuseeland wetteifern darum, wessen Nationaldessert die Baisertorte sein darf. Sie wurde zu Ehren der russischen Primaballerina Anna Pawlowa benannt.

4 Eiweiß (M)
200 g Zucker
2 TL Speisestärke
2 TL Weißweinessig
1 Mango
3 Kiwis
200 g Erdbeeren
250 g Sahne | 1 EL Zucker

Für 4 Stück | ⏱ 30 Min. Zubereitung
mind. 1 Std. Backen

1 Backofen auf 150° vorheizen. Ein Backblech mit einer Silikonmatte oder Dauerbackfolie belegen. Die Eiweiße zu steifem Schnee schlagen. Nach und nach den Zucker einrieseln lassen, dann Speisestärke und Essig gut unterschlagen.

2 Die Masse in einen großen Spritzbeutel mit Sterntülle füllen. 4 Kreise mit 10 cm ⌀ auf das Blech spritzen. Dafür in der Mitte anfangen und spiralförmig nach außen spritzen. Auf die Ränder dicke Tupfen setzen.

3 Den Backofen auf 100° stellen. Die Baisers im Ofen (Mitte; Umluft nicht geeignet) mindestens 1 Std. backen (dann sind sie noch geschmeidig). Immer wieder prüfen, dass sie nicht bräunen, sonst evtl. die Hitze reduzieren. Den Ofen ausschalten und die Baisers darin ganz auskühlen lassen.

4 Das Obst schälen bzw. waschen, putzen und in Stücke schneiden. Die Sahne mit dem Zucker steif schlagen und großzügig auf den Baisers verteilen. Das Obst daraufsetzen. Sofort servieren.

VARIANTE – MIT PASSIONSFRUCHTCREME
Typisch australisch: 1–2 Passionsfrüchte halbieren, das Fruchtfleisch herauslöffeln. In ein Sieb geben und abtropfen lassen. Den aufgefangenen Saft mit 200 g Quark, 1 ganz frischen Eigelb (von der Baisermasse), 2 EL Vanillezucker und 1–2 TL abgeriebener Bio-Zitronenschale verrühren. Auf die Böden verteilen, die Passionsfruchtkerne daraufsetzen und servieren.

VARIANTE – BAISERKÖRBCHEN MIT ROTER GRÜTZE
Aus der Baisermasse mit dem Spritzbeutel (Tüllenform egal) Körbchen spritzen. Dafür 4 Kreise à etwa 8 cm ⌀ wie im Rezept beschrieben auf das Backblech spritzen. Dann vorsichtig einen 4 cm hohen Rand daraufsetzen. Im Backofen wie links beschrieben backen. Inzwischen für die Grütze 1½ EL Speisestärke mit 3 EL Kirschsaft verrühren. 150 ml Kirschsaft mit 1½ EL Zucker in einen Topf geben, zum Kochen bringen und 500 g rote Beeren (frisch oder TK) untermischen. Angerührte Speisestärke einrühren und aufkochen lassen. Nach Belieben 1–2 EL Pflaumenlikör einrühren. Kalt werden lassen. In die Körbchen füllen, mit frischen Minzeblättern und Sahnetupfen anrichten. Sofort servieren.

TIPP – AUFHEBEN
Ungefüllt kann man die Baisers wie Weihnachtskekse in einer gut schließenden Dose 1 Woche aufheben.

Tarteletts und Törtchen

Fruchtige und aromatische Füllungen auf knusprig gebackenem Teig sind immer wieder ein Geschmackserlebnis. Dass die Teilchen keineswegs aufwendig sein müssen, beweisen die hübschen und sehr leckeren Strudel-Cheesecakes.

Strudel-Cheesecakes

2 Eier | 100 g Zucker
1 Päckchen Vanillezucker | 1 Prise Salz
200 g Doppelrahmfrischkäse
125 g Quark (20 %)
1 TL abgeriebene Bio-Zitronenschale
100–150 g dünne Strudel- oder Filoteigblätter
(Fertigprodukt; 4 Teigblätter à ca. 40 × 40 cm)
80–100 g flüssige Butter
1 kleine Dose Aprikosenhälften (425 ml Inhalt)
1 Päckchen weißer Tortenguss
geröstete Mandelblättchen zum Bestreuen

Für 1 Muffinform mit 12 normalen Mulden
30 Min. Zubereitung | 30 Min. Backen

1 Den Backofen auf 180° vorheizen. Eier mit
Zucker, Vanillezucker und Salz schaumig schlagen.
Frischkäse, Quark und Zitronenschale unterrühren.

2 Den Teig ausbreiten, in 36 Quadrate à 12 × 12 cm
schneiden. Großzügig mit Butter bestreichen; dann
je 3 Quadrate versetzt übereinander in die Muffinmulden legen, Ränder nach außen knicken. 2 EL
Käsemasse in jedes Förmchen füllen. Die Cheese-
cakes im heißen Ofen (2. Schiene von unten, Umluft 160°) 25–30 Min. backen. In den Förmchen
abkühlen lassen.

3 Die Aprikosen abtropfen lassen und den Saft
auffangen. Auf jedes Törtchen eine Fruchthälfte mit
der Öffnung nach unten legen. Falls nötig, den Saft
mit Wasser auf ¼ l auffüllen; mit Tortenguss nach
Packungsangabe zu einem Guss kochen. Auf den
Aprikosen und der Füllung verteilen. Fest werden
lassen. Mit Mandelblättchen bestreuen.

süße Früchtchen | gelingt leicht

Beeren-Tarteletts mit Zitronencreme

Die fruchtigen Küchlein kommen so elegant daher wie aus dem Trend-Café und sind dabei in relativ kurzer Zeit gebacken.

Für den Mürbeteig:
250 g Mehl
125 kalte Butter
90 g Zucker | 1 Prise Salz
1 Ei
Fett und Semmelbrösel für die Formen
Für die Creme:
60 g weiche Butter
100 g Zucker
2 Eier | 2 EL Mehl
60 ml Zitronensaft
1 TL abgeriebene Bio-Zitronenschale
Außerdem:
100 g kleine Beeren (z. B. Himbeeren,
Walderdbeeren)
Puderzucker zum Bestäuben

Für 10 Brioscheformen à 10 cm ⌀
🕙 20 Min. Zubereitung | 30 Min. Kühlen
27 Min. Backen

1 Für den Teig das Mehl mit der Butter in Stückchen, dem Zucker, dem Salz und dem Ei rasch verkneten. Die Formen fetten und mit Semmelbröseln ausstreuen. Den Teig in 10 Portionen teilen, mit den Fingern in die Formen drücken und gut »igeln« (s. GU-Erfolgstipp 6). 30 Min. kalt stellen.

2 Backofen auf 200° (Umluft 180°) vorheizen. Die Teigböden im Ofen (Mitte) ca. 12 Min. vorbacken. Herausnehmen, mit einem Löffelrücken nachformen (s. GU-Erfolgstipp 6). Ofen eingeschaltet lassen.

3 Inzwischen für die Creme Butter und Zucker cremig rühren. Eier unterschlagen. Mehl, Zitronensaft und -schale unterrühren. Die Creme in die vorgebackenen Böden füllen und ca. 15 Min. backen. Törtchen auskühlen lassen. Die Beeren waschen, vorsichtig abtrocknen, darauf verteilen und mit Puderzucker bestäuben.

VARIANTEN

Man kann auch Mini-Tarteletts in den flexiblen Tartelettformen backen. Dann die Füllung gleich in die Teigmulden geben und 12 Min. backen. Mit verschiedenen Fruchtstückchen belegen.
Gebackene Teigschalen mit Quarkcreme füllen: 100 g Quark, 2 EL Amaretto (nach Belieben), 50 g Zucker und 3–4 EL Sahne verrühren. 100 g Heidelbeeren einrühren, evtl. etwas zerdrücken. In die Teigschalen füllen. Je 1 Heidelbeere daraufsetzen.
Mit Schokocreme füllen: 100 g Sahne erwärmen, 100 g Zartbitterschokolade hacken, darin schmelzen, 1 Päckchen Vanillezucker und 4 EL Cassis einrühren. Abkühlen lassen (nicht im Kühlschrank), in die Formen verteilen, dann kalt stellen. Himbeeren daraufsetzen.

BLITZ-VARIANTE

Teig in flexiblen Mini-Tartelettformen backen, mit je 1 TL Lemon Curd füllen und zum Schluss je 1 Heidelbeere daraufsetzen.

Nuss-Schoko-Törtchen

Der Mürbeteig ist ohne Ei zubereitet und deshalb relativ krümelig. Das soll so sein; umso mehr überrascht die geschmeidige Konsistenz der Füllung dazu.

Für den Mürbeteig: 200 g Mehl | 2 EL Kakao-pulver | 75 g Zucker | 120 g Butter | 1 Prise Salz
Fett und Semmelbrösel für die Formen
Für die Füllung: 100 g gemischte Nusskerne
(z. B. Wal-, Macadamia- und Haselnüsse)
3–4 EL Beerenkonfitüre | 100 ml Sahne
100 g Zartbitterschokolade

Für 8 Obstbodenformen à 10 cm Ø
🕙 40 Min. Zubereitung | 30 Min. Kühlen
12 Min. Backen

1 Formen sehr gut fetten, mit Bröseln ausstreuen. Teigzutaten verkneten. Teig in 12 Portionen teilen und in die Formen drücken. Böden »igeln« (s. GU-Erfolgstipp 6). 30 Min. kalt stellen. Den Backofen auf 180° (Umluft 160°) vorheizen. Teigböden im Ofen (Mitte) 10–12 Min. backen. Herausnehmen, aus den Formen lösen.

2 Für die Füllung die Nüsse grob zerkleinern. In einer Pfanne ohne Fett unter Wenden bei mittlerer Hitze rösten, bis sie Farbe annehmen. Auf einen Teller geben. Die Konfitüre in die Böden streichen. Die Sahne erhitzen. Schokolade zerbröckeln, in der Sahne schmelzen und in die Teigböden gießen. Sofort die Nüsse darauf verteilen. Die Törtchen bis zum Servieren kalt stellen.

VARIANTE – MIT KARAMELL-NÜSSEN

200 g Sahne erhitzen. In einer Pfanne 100 g Zucker mit 2 EL Wasser verrühren, bei schwacher Hitze schmelzen und bei stärkerer Hitze karamellisieren lassen. Heiße Sahne dazugeben und alles zu einer homogenen Masse rühren. 10 Min. unter Rühren einkochen. 120 g Walnuss-kerne grob hacken, untermischen. Die Karamell-Nüsse auf die Böden verteilen.

statt Cocktail

Swimmingpool-Törtchen

125 g Mehl | 100 g Kokosflocken | 85 g Zucker
1 Prise Salz | 1 Ei | 100 g Butter | 150 g Quark
(20 %) | 4–5 EL Blue Curaçao Likör | 150 g Sahne
100 g Ananaskonfitüre | Ananasstückchen und
Kumquatscheiben für die Deko
Außerdem: 1 flexible Tartelettform mit 15 Mulden

Für 30 Stück | ⏲ 30 Min. Zubereitung
20 Min. Kühlen | 15 Min. Backen pro Form

1 Mehl, 75 g Kokosflocken, 75 g Zucker, Salz, Ei
und Butter verkneten. Den Teig zu 2 Rollen formen,
20 Min. kalt stellen. Backofen auf 180° (Umluft 160°)
vorheizen. Jede Teigrolle in 15 Scheiben schneiden.
Die Tartelettmulden mit den Teigscheiben auskleiden, 13–15 Min. (Mitte) backen. Abkühlen lassen;
auf ein Gitter setzen. Restlichen Teig backen.

2 Quark, restlichen Zucker, Curaçao, restliche
Kokosflocken verrühren. Sahne steif schlagen,
unterheben. Tarteletts mit Konfitüre bestreichen.
Füllung daraufhäufen. Mit Obst garnieren.

fruchtig und süß

Blutorangen-Tarteletts

Für den Teig: 200 g Mehl | 75 g Zucker | 1 Ei
100 g kalte Butter
Für die Füllung: 2 Blutorangen oder Orangen
2 Eier (S) | 50 g Zucker | 60 g Crème fraîche
Außerdem: 1 flexible Tartelettform mit 15 Mulden

Für 30 Stück | ⏲ 40 Min. Zubereitung
20 Min. Backen pro Form

1 Den Backofen auf 180° (Umluft 160°) vorheizen.
Die Teigzutaten verkneten. Eine Hälfte kühl stellen,
die andere in 15 Portionen teilen und in die Mulden
der Form drücken. Kalt stellen.

2 Von den Orangen die Schale abreiben, den Saft
(ca. 100 ml) auspressen. Die Eier verquirlen. Zucker,
Orangensaft und -schale, dann Crème fraîche einrühren. Die Hälfte der Creme in ein Kännchen füllen
und in die Formen gießen. Die Tarteletts im Ofen
(Mitte) 20 Min. backen. Mit restlicher Teig- und Cre-
mehälfte ebenso verfahren.

für Milchreis-Fans

Orientalische Reistörtchen

Für den Teig:
180 g Mehl | 1 Prise Salz
75 g kalte Butter | 2 EL Zucker
½ TL abgeriebene Bio-Orangenschale
100 g Magerquark | Butter für die Formen
Für die Füllung:
450 ml Milch | 1 Prise Salz
Samen aus 4 Kardamomkapseln
Mark von 1 Vanilleschote
2 EL Orangenblütenwasser | 80 g Rundkornreis
1 Ei (L) | 100 g Zucker
40 g grob gehackte Pistazienkerne
100 g Crème fraîche | 1 EL gehacktes Orangeat
Pistazienkerne zum Bestreuen

Für 8 Tartelett- oder Briocheformen à 10 cm ∅
⊚ 1 Std. Zubereitung | 35 Min. Backen

1 Für die Füllung die Milch mit Salz, Kardamom, Vanillemark und Orangenblütenwasser aufkochen. Reis einrühren, 30–40 Min. bei schwacher Hitze zugedeckt ausquellen, dann abkühlen lassen.

2 Aus den Teigzutaten einen Teig kneten. Formen fetten. Teig zur Rolle formen, in 8 Scheiben schneiden. Diese 13–14 cm groß ausrollen, Formen damit auskleiden; kalt stellen. Backofen auf 180° (Umluft 160°) vorheizen. Teigböden »igeln« (s. GU-Erfolgstipp 6) und 10 Min. (Mitte) backen.

3 Für die Füllung Ei mit Zucker schaumig schlagen. Milchreis, Pistazien, Crème fraîche, Orangeat unterrühren. Masse auf die Formen verteilen. 30–35 Min. (Mitte) backen. In Formen abkühlen lassen. Pistazien aufstreuen. Dazu passt Orangenkaramell (s. S. 50).

gelingt leicht

Apfel-Tartes down under

3 kleine Äpfel | 75 g feiner Zucker
10 TL Preiselbeeren (aus dem Glas)
gemahlener Ingwer
120 g weiche Butter
80 g brauner Zucker
2 Eier | 200 g Mehl
1 TL Backpulver | 1 TL Zimtpulver
Fett für die Formen

Für 10 normale Muffinformen
⊚ 20 Min. Zubereitung | 25 Min. Backen

1 Den Backofen auf 180° vorheizen. Die Formen gut fetten und kreuzweise mit Backpapierstreifen auslegen (s. GU-Erfolgstipp 7). Äpfel schälen, aus 2 die Kerngehäuse ausstechen. In einem Topf Zucker mit 1½ EL Wasser schmelzen, dann bei stärkerer Hitze ohne Rühren goldbraun karamellisieren lassen. In jede Form 1 EL Karamell geben und schwenken.

2 Die 2 entkernten Äpfel in 1 cm dicke Ringe schneiden und je 1 passenden in die Formen legen. Je 1 TL Preiselbeeren in das Loch setzen. Dann je 1 Msp. Ingwer darüberstreuen. Den dritten Apfel und die Apfelreste klein würfeln.

3 Butter mit Zucker cremig rühren, Eier einrühren. Mehl, Backpulver und Zimt mischen, unterrühren, dann die Apfelwürfel unterheben. Den Teig auf die Formen verteilen und mit einem feuchten Löffel glatt streichen. Törtchen im Ofen (Mitte, Umluft 160°) 20–25 Min. backen. Herausnehmen und etwas abkühlen lassen. Tartes mithilfe der Streifen herauslösen und auf eine Platte stürzen. Wer mag, setzt Sahnetupfen darauf.

perfekte Kombination

Mini-Banoffees

Wer Karamell, Schokolade und Banane mag, wird bei diesen Törtchen begeistert zugreifen. Besonders schnell sind sie mit Milchkonfitüre gemacht.

Für den Teig:

175 g Mehl | 1 Prise Salz

50 g Puderzucker

100 g Butter

1 Eigelb

Butter für die Form

Für die Füllung:

100 g Zucker

20 g Butter | 1 Prise Salz

250 g Sahne

2 Bananen

2 TL Zitronensaft

3 EL Schokoraspel

Für 1 Mini-Muffinform mit 24 Mulden

🕐 40 Min. Zubereitung | 30 Min. Kühlen

15 Min. Backen

1 Aus Mehl, Salz, Puderzucker, Butter und Eigelb einen Teig kneten. Die Muffinmulden fetten. Teig halbieren und zu 2 Rollen formen und diese in je 12 Stücke schneiden. Teigstücke flach drücken und die Mulden damit auskleiden. Die Muffinform 20–30 Min. in den Kühlschrank stellen.

2 Für die Füllung in einem Topf den Zucker mit 2 EL kaltem Wasser schmelzen, bei stärkerer Hitze ohne Rühren zu einem hellen Karamell kochen (Bild 1). Vom Herd nehmen. Butter, Salz und 50 g Sahne unterrühren. Es soll eine weiche Karamellcreme entstehen. Beiseitestellen. Den Backofen auf 180° (Umluft 160°) vorheizen.

3 Die Form aus dem Kühlschrank nehmen. Die Teigböden »igeln« (s. GU-Erfolgstipp 6); in ca. 15 Min. im heißen Ofen (Mitte) goldbraun und knusprig backen. Etwas abkühlen lassen, aus den Mulden nehmen (Bild 2) und auskühlen lassen. Den Boden jedes Tarteletts mit etwa 1 TL Karamellsauce bestreichen.

4 Die restliche Sahne steif schlagen. 1 Banane schälen und klein würfeln. Die Bananenstückchen, 1 TL Zitronensaft und 2 EL Schokoraspel unter die Schlagsahne heben. Die Bananensahne auf die Törtchen verteilen.

5 Die zweite Banane schälen und in 24 Scheiben schneiden; sofort mit restlichem Zitronensaft bestreichen. Jedes Törtchen mit je 1 Bananenscheibe und restlichen Schokoraspeln garnieren. Sofort servieren.

SPART ZEIT: MILCHKONFITÜRE

In Frankreich gibt es Confiture de lait, eine aus Milch und Zucker dick eingekochte Konfitüre mit Karamellgeschmack. Sie bietet sich als Alternative zu dem selbst gekochten Sahnekaramell an. Sie bekommen diese Konfitüre mit etwas Glück im Feinkostladen oder über das Internet. Auf jeden Fall aber in jedem Lebensmittelgeschäft in Frankreich.

fast wie Tiramisu

Cappuccino-Schiffchen

Für den Teig:
150 g Mehl | 90 g Butter
50 g Zucker | 1 Prise Salz
1 EL Kakaopulver | 1 EL Kaffeepulver
1 Eigelb | Butter für die Formen
Für die Füllung:
2 Blatt Gelatine
2 frische Eigelb | 75 g Zucker
125 g Mascarpone
4 EL Espressolikör oder Espresso | 150 g Sahne
Außerdem:
Kakaopulver zum Bestäuben
Johannisbeerrispen für die Deko

Für ca. 12 Schiffchenformen (je 8 cm lang
und 50 ml Inhalt) | 1 Std. Zubereitung
1 Std. Kühlen | 10 Min. Backen

1 Für den Teig Mehl, Butter, Zucker, Salz, Kakao, Kaffeepulver und Eigelb verkneten. Die Förmchen fetten. Teig in 12 Portionen teilen. Förmchen mit je 1 Teigportion auskleiden. 20 Min. kalt stellen. Den Backofen auf 180° (Umluft 160°) vorheizen.

2 Für die Füllung Gelatine nach Packungsangabe in kaltem Wasser einweichen. Eigelbe mit Zucker cremig schlagen. Mascarpone unterrühren. Likör erhitzen, ausgedrückte Gelatine darin auflösen, etwas abkühlen lassen. Unter die Creme rühren. Sahne steif schlagen und unterheben.

3 Schiffchen ca. 10 Min. im Ofen (Mitte) backen. Aus den Formen nehmen; auskühlen lassen. Creme in die Böden spritzen. Ca. 40 Min. kalt stellen. Mit Kakao bestäuben und mit Johannisbeeren garnieren.

exotisch

Mango-Schiffchen

Für den Teig:
125 g Mehl | 40 g Zucker
abgeriebene Schale von 1 Bio-Zitrone
50 g Kokosflocken | 1 Prise Salz
90 g weiche Butter | 1 Eigelb
Fett und Semmelbrösel für die Formen
Für die Füllung:
1 kleine Dose Mango (225 g Abtropfgewicht)
125 g Sahne | ½ Päckchen Sahnesteif
2–3 EL Zucker | 2 EL Kokosflocken

Für etwa 12 Schiffchenformen
(je 8 cm lang und 50 ml Inhalt)
1 Std. Zubereitung | 12 Min. Backen

1 Die Teigzutaten verkneten und in 12 Portionen teilen. Formen fetten und mit Bröseln ausstreuen. Formen mit je 1 Teigportion auskleiden und »igeln« (s. GU-Erfolgstipp 6). 20 Min. kalt stellen.

2 Backofen auf 180° (Umluft 160°) vorheizen. Teigschiffchen im Ofen (Mitte) 10–12 Min. backen. Herausnehmen, nachformen (s. GU-Erfolgstipp 6) und kurz auskühlen lassen. Aus den Formen lösen, auf einem Gitter ganz auskühlen lassen.

3 Für die Füllung Mangos abgießen, Saft anderweitig verwenden. Zwei Drittel der Mangos fein würfeln. Sahne mit Sahnesteif und Zucker schlagen, Mangos unterheben. In einen Spritzbeutel mit Sterntülle füllen und in die Schiffchen spritzen. Kalt stellen. Vor dem Servieren Kokosflocken in einer Pfanne ohne Fett goldbraun rösten. Die restlichen Mangos in Streifen schneiden, auf die Schiffchen setzen und Kokosflocken darüberstreuen.

oben: Cappuccino-Schiffchen | unten: Mango-Schiffchen

beerig | gelingt leicht

Schmant-Törtchen

200 g weiche Butter
180 g Zucker | 1 Prise Salz
abgeriebene Schale von ½ Bio-Zitrone
300 g Mehl
200 g Schmant | 2 Eier
500 g Himbeeren
2 EL Puderzucker
Minzeblättchen zum Dekorieren

Für 10 glatte normale Muffinformen
⊚ 40 Min. Zubereitung | 20 Min. Kühlen
20 Min. Backen

1 Für den Teig die Butter mit 100 g Zucker cremig rühren, Salz, Zitronenschale und Mehl unterkneten. In 10 Portionen teilen und jede Muffinform mit je 1 Teigportion auskleiden, dabei einen Rand formen. 20 Min. kalt stellen.

2 Den Backofen auf 180° (Umluft 160°) vorheizen. Für die Füllung Schmant, Eier und 80 g Zucker verrühren. Den Guss auf die Törtchen verteilen, dabei nicht bis zum Rand auffüllen. Die Kuchen im Ofen (Mitte) ca. 20 Min. backen. Herausnehmen und vollständig abkühlen lassen.

3 Himbeeren vorsichtig waschen, trocken tupfen, im Puderzucker wälzen und auf den Törtchen verteilen. Mit Minzeblättern anrichten.

VARIANTE
Statt der Himbeeren 500 g Erdbeeren würfeln und in die Törtchen füllen. 1 Päckchen Tortenguss nach Packungsangabe zubereiten, über die Erdbeeren (Menge nach Geschmack) ziehen.

gelingt leicht | macht was her

Marzipan-Törtchen

Für den Teig:
200 g weiche Butter
100 g Zucker | 1 Prise Salz
300 g Mehl
Fett und Semmelbrösel für die Formen
Für die Füllung:
50 g Butter | 75 g Zucker
75 g kalte Marzipanrohmasse
2 Eier
50 g gemahlene Haselnüsse
50 g Mehl
2 Pfirsiche

Für 10 Briocheformen à 10 cm ∅
⊚ 20 Min. Zubereitung | 20 Min. Kühlen
45 Min. Backen

1 Den Backofen auf 180° (Umluft 160°) vorheizen. Die Formen fetten und mit Bröseln ausstreuen. Aus den Teigzutaten den Teig wie links beschrieben zubereiten, in die Formen drücken, 20 Min. kalt stellen und im Ofen (Mitte) ca. 20 Min. vorbacken (s. GU-Erfolgstipp 6). Ofen eingeschaltet lassen.

2 Inzwischen für die Füllung Butter mit Zucker cremig rühren. Das Marzipan auf der Küchenreibe raspeln und unterrühren. Eier schaumig schlagen und nach und nach unterziehen. Nüsse und Mehl mischen und unter die Marzipancreme heben. Die Masse auf die Böden füllen.

3 Pfirsiche waschen, halbieren, entsteinen und in Spalten schneiden. Auf die Füllung legen. Die Törtchen im Ofen (Mitte) ca. 25 Min. backen. Nach Belieben Schlagsahne dazu servieren.

aromatisch | nussig

Tarteletts mit Portwein-Birnen

Die Birnen am besten über Nacht im Portweinsud abkühlen lassen, so nehmen sie besonders viel Aroma auf.

Für den Teig:
125 g Mehl
100 g gemahlene Walnusskerne
50 g Zucker | 1 Msp. Salz
1 Ei (S)
100 g kalte Butter
Butter für die Formen
Für den Belag:
4 feste Birnen (ca. 500 g)
200 ml Portwein | 1 Stück Zimtstange
1 Kardamomkapsel | 100 g Zucker
4 Blatt weiße Gelatine
2 Eigelb (S) | 100 g Crème fraîche
8 Walnusskernhälften zum Garnieren

Für 8 Tarteletformen à 10 cm ⌀
🕐 1 Std. 30 Min. Zubereitung | 20 Min. Kühlen
15 Min. Backen

1 Für den Belag die Birnen schälen, halbieren und von den Kerngehäusen befreien. In einem Topf den Portwein mit ¼ l Wasser, Zimt, Kardamom und 30 g Zucker mischen und zum Kochen bringen. Die Birnen hineinlegen und in 5–10 Min. bei schwacher Hitze nicht zu weich garen (sie sollen noch bissfest sein). Im Sud abkühlen, dann gut in einem Sieb abtropfen lassen, den Sud auffangen.

2 Aus Mehl, Nüssen, Zucker, Salz, Ei und Butter einen Teig kneten. Den Teig in 8 Portionen teilen. Die Formen fetten und mit dem Teig auskleiden (Bild 1). 20 Min. kalt stellen. Backofen auf 200°

(Umluft 180°) vorheizen. Die Teigböden »igeln« (s. GU-Erfolgstipp 6) und ca. 15 Min. im Ofen (Mitte) backen. Herausnehmen und abkühlen lassen.

3 Die Gelatine nach Packungsangabe in kaltem Wasser einweichen und 150 ml Portweinsud, den restlichen Zucker und die Eigelbe in einem Topf bei schwacher Hitze unter Rühren erwärmen, bis die Mischung bindet (nicht kochen lassen!). Gelatine ausdrücken und in der warmen Creme auflösen. Abkühlen lassen, bis die Flüssigkeit zu gelieren beginnt. Crème fraîche unterziehen.

4 Die Creme auf die Tarteletböden verteilen. Die Birnenhälften in Spalten schneiden (Bild 2) und fächerartig auf der Creme anrichten. Mit gerösteten Walnusskernhälften garnieren. Nach Belieben mit Walnusseiscreme servieren.

VARIANTEN

Mit Glasur: Aus dem restlichen Sud können Sie einen Guss zubereiten. Dafür aus ¼ l Sud und 1 Päckchen weißem Tortenguss nach Packungsangabe einen Guss kochen. Die Törtchen gleichmäßig damit überziehen.
Pfirsich-Wein-Törtchen: Statt Portwein Weißwein und statt Birnen Pfirsiche nehmen. Gewürze weglassen, dafür den Sud mit einem Spritzer Zitronensaft abschmecken.

TIPP – BEERENRAGOUT

Der restliche Sud bildet auch eine aromatische Grundlage für heiße Beeren zu Eis. 4 EL Sud abnehmen, mit 2 TL Speisestärke glatt rühren, zum Sud in einen Topf gießen und aufkochen. 200–300 g Beeren untermischen.

Petits Fours

»Kleine Öfen« sagt man in Frankreich zu den verlockenden Happen, die dort in jeder guten Konditorei die Auslagen veredeln. Unsere Auswahl reicht von Petits Fours, mit Kaffeecreme gefüllt oder glasiert, über Schichtdesserts und Eclairs, die bei uns so unromantisch Liebesknochen heißen, bis hin zu raffinierten Käsetörtchen.

Kaffee-Stückchen

½ Päckchen Schokoladenpuddingpulver
1 EL Zucker | ¼ l Milch
1 EL Instant-Kaffeepulver
100 g weiche Butter
1 EL Puderzucker
250 g dünne Haferkekse (s. Tipp)
50 g Schokoraspel und 10 Schokobohnen
für die Deko

Für 10 Stück
⏱ 30 Min. Zubereitung | 4 Std. Kühlen

1 Puddingpulver mit Zucker und 3 EL Milch an-
rühren. Restliche Milch mit Kaffeepulver aufkochen,
Puddingmasse einrühren und 1 Min. bei mittlerer
Hitze kochen. Pudding in eine Schüssel füllen, mit
Frischhaltefolie abdecken, damit keine Haut ent-
steht, und abkühlen lassen.

2 Die Butter mit Puderzucker cremig rühren, den
Pudding esslöffelweise einrühren. Die Kekse ab-
wechselnd mit der Creme aufeinanderschichten
(4–5 Lagen) und dann rundum mit der Creme
bestreichen. Schokoraspeln über die Törtchen
streuen und je 1 Schokobohne obenauf setzen.

TIPPS
Sie können auch 100 g Belgische Butterwaffeln verwenden, diese dann evtl. halbieren und je 5 Hälften
aufeinandersetzen, denn sie sind recht dünn.
Die Stückchen sind zunächst knusprig. Stehen sie eine
Weile, weichen die Kekse durch. Schmeckt aber genau-
so! Damit die Küchlein stabiler bleiben, kann man je
1 Keks mit geschmolzener Kakaoglasur überziehen und
die Küchlein daraufsetzen.

süße Klassiker
Petits Fours

Hier ist Kreativität gefragt und erlaubt: Die kleinen Stückchen kann man nach Geschmack füllen und mit Fantasie dekorieren.

Für den Teig:
60 g Mehl | 30 g Speisestärke
3 Eier (M) | 1 Prise Salz | 80 g Zucker
1½ TL Vanillezucker
Zucker für die Arbeitsfläche
Für die Füllung:
100 g beliebige Konfitüre
1 EL Rum nach Belieben
Für den Belag:
1 Marzipanplatte (Backregal)
1 Eiweiß | 200 g Puderzucker
Lebensmittelfarbe nach Belieben

Für 14 Stück | ◍ 1 Std. 25 Min. Zubereitung
15 Min. Backen | 2 Std. Kühlen

1 Den Backofen auf 180° (Umluft 160°) vorheizen. Das Backblech mit Backpapier belegen. Mehl und Stärke mischen. Eier trennen. Die Eiweiße steif schlagen, dabei Salz, Zucker und Vanillezucker einrieseln lassen. Eigelbe bei niedriger Stufe einzeln einrühren. Mehl-Stärke-Mischung auf die Eimasse sieben und mit dem Schneebesen locker unterheben. Teigmasse mit einer Palette auf das Blech streichen, dabei darauf achten, dass die Oberfläche glatt ist und die Kanten sauber sind. Im Ofen (Mitte) in 10–15 Min. hellbraun backen.

2 Ein Küchentuch mit Zucker bestreuen. Biskuit daraufstürzen, Backpapier abziehen, Biskuit auskühlen lassen. Rundum die Platte gerade schneiden. Dann die Teigplatte in 3 Streifen à 8 × 28 cm

schneiden. Konfitüre evtl. mit Rum pürieren und auf 2 Streifen streichen, diese aufeinanderlegen, sodass die bestrichenen Seiten nach oben zeigen. Den dritten Streifen darauflegen. Mit einem Brett beschweren und 2 Std. kalt stellen.

3 Aus dem Marzipan 1 Streifen von 8 × 28 cm schneiden. Auf den Stapel legen, etwas andrücken und evtl. mit etwas Konfitüre ankleben. Das Gebäck in 4 cm große Würfel schneiden. Das Eiweiß verquirlen. Mit Puderzucker verrühren, evtl. färben. Die Würfel glasieren und trocknen lassen. Nach Lust und Laune dekorieren (s. Tipp).

VARIANTEN
Statt mit Konfitüre 1 der Biskuitplatten mit 200 g Buttercreme (s. S. 6) bestreichen.
2 Platten mit 1 Rezept streichfähiger Ganache (s. S. 6) bestreichen. Wie oben beschrieben die 3 Biskuitplatten verarbeiten. Mit 80 g erwärmter Konfitüre glasieren und mit Schokoladenglasur überziehen.

DEKO-TIPPS
Übrige Glasur evtl. mit Puderzucker andicken und färben. Aus Backpapier ein Tütchen drehen (s. Innenklappe hinten), die Glasur einfüllen. Eine kleine Spitze abschneiden und Linien, Herzen oder Blüten auf die Petits Fours ziehen. Kandierte Veilchen oder Zuckerperlen daraufsetzen. Geht auch mit 30 g Schokolade.
Einfacher geht's mit Zuckerschrift und Gebäckschmuck aus der Backabteilung.

exotisch-fruchtig

Caribbean Dreams

Grundlage der beiden exotischen Küchlein ist ein feiner Rührteig, der bei uns in europäischer Hasenform gebacken auf den Ostertisch kommt.

Für den Teig: 30 g kandierte Ananas | 75 g kaltes Palmin (s. Tipp) | 2 Eier | 80 g Zucker | 80 g Mehl 20 g Speisestärke | 1 TL Backpulver | 75 ml Milch Fett für die Form
Für die Deko: 125 ml Ananas-Dessertsauce 40 g Kokosflocken | Minzeblätter | kandierte Ananas

Für 1 Muffinform mit 12 normalen Mulden
⏱ 30 Min. Zubereitung | 20 Min. Backen

1 Den Backofen auf 170° (Umluft 150°) vorheizen. Muffinmulden fetten. Ananas würfeln. Palmin in Späne schneiden und hacken. Eier trennen, Eigelbe schaumig rühren. Palmin und Zucker unterrühren, dann die Ananaswürfel mit Mehl, Stärke und Backpulver mischen und mit Milch unterrühren. Der Teig soll zähflüssig sein. Eiweiße steif schlagen und mit

einem Kochlöffel unterheben. Teig in die Mulden füllen. Im Ofen (Mitte) ca. 20 Min. backen.

2 Küchlein abkühlen lassen und aus den Mulden nehmen. Ganz erkalten lassen. Die Küchlein quer durchschneiden. Die Sauce pürieren und auf die Schnittflächen streichen. Wieder zusammensetzen. Die Fours auch rundum mit Sauce einpinseln. Kokosflocken auf einen Teller geben und die Kuchen darin wälzen. Dann trocknen lassen und mit Minze und Ananasstreifen dekorieren.

TIPP
Es ist wichtig, Palmin zu verwenden, mit anderem Kokosfett klappt der Teig nicht.

VARIANTEN
Frisches Kokosnussfleisch auf dem Gurkenhobel in dünne Späne hobeln und überstreuen. Schärfer wird's mit kandiertem Ingwer statt Ananas.

Carnaval do Rio

Wer den Caipi nicht nur trinken mag, kann ihn sicher auch zum Beträufeln der Mini-Kuchen nehmen – das ist dann Brasilien pur!

Für den Teig: 30 g kandierte Ananas | 75 g feste Kokoscreme | 2 Eier | 80 g Zucker | 80 g Mehl 20 g Speisestärke | 1 TL Backpulver | 75 ml Milch Fett für die Form

Für die Deko: 75 ml Rum oder Limoncello (ital. Zitronenlikör) oder Limettensaft nach Belieben 170 g Puderzucker | 6–7 TL Kokosmilch | grüne flüssige Lebensmittelfarbe | 24 große bunte Zuckerperlen

Für 1 Mini-Muffinform mit 24 Mulden
🕐 1 Std. 30 Min. Zubereitung | 20 Min. Backen

1 Den Teig wie auf S. 44 beschrieben zubereiten und backen. Statt Palmin Kokoscreme verwenden.

2 Die fertigen Kuchen aus den Mulden nehmen, wieder hineinlegen und nach Belieben mit Rum oder Limoncello beträufeln. Aus Puderzucker und Kokos-milch eine fließfähige Glasur rühren. Die Küchlein auf eine Pralinengabel spießen und durch die Glasur ziehen. Auf ein Kuchengitter setzen und trocknen lassen. Restliche Glasur grün färben, mit einer Mini-Spritztüte (s. Innenklappe hinten) als Längsstreifen auf die Küchlein spritzen. In die Mitte je 1 Tupfen Glasur setzen und je 1 Zuckerperle hineinsetzen.

DEKO-TIPPS

Blüten: Aus 550 g Zucker und 400 ml Wasser einen Sirup kochen. Von 2 Bio-Orangen oder -Zitronen mit einem Sparschäler dünne Schalenstreifen abschälen und im Sirup 5 Min. kochen. Abtropfen lassen und zu Blüten aufwickeln. Mit feinem Zucker bestreuen.

Punkte: 2 EL Erdbeerkonfitüre mit 1 EL Zucker aufkochen, durch ein Sieb streichen. In eine Mini-Spritztüte füllen und Punkte auf die weiße Glasur setzen.

Marmor: Weiße und bunte Glasur als Kleckse auf die Küchlein setzen und mit einem Löffel verstreichen.

gehn weg wie nix

Baumkuchen-Fours

100 g Butter
150 g Marzipanrohmasse
110 g Puderzucker | 4 Eier (M)
1 TL abgeriebene Bio-Zitronenschale
1 TL gemahlene Vanille (Reformhaus; ersatzweise 1 Päckchen Bourbon-Vanillezucker)
60 g Mehl | 60 g Speisestärke
80 g Aprikosenkonfitüre
100 g Zartbitterschokolade
75 g Crème fraîche
100 g Schokolade nach Belieben für die Deko
Puderzucker zum Arbeiten

Für 15 Stück | ⏲ 1 Std. Zubereitung
30 Min. Backen | 30 Min. Kühlen

1 Die Butter schmelzen. 30 g Marzipan mit der Butter und 80 g Puderzucker mit den Quirlen des Handrührgeräts zu einer homogenen Masse verrühren. Eier trennen. Zitronenschale, Vanille und Eigelbe unter die Marzipanmasse rühren, dann das Mehl und die Speisestärke. Den Backofengrill vorheizen. Eiweiße steif schlagen, dabei den restlichen Puderzucker dazugeben. Dann den Eischnee unter die Marzipanmasse heben.

2 Auf Backpapier ein 20 × 20 cm großes Quadrat markieren, das Papier mit der Zeichnung nach unten auf ein Backblech legen. 2 EL Teig auf das Quadrat streichen. Das Blech mit ca. 20 cm Abstand unter den heißen Grill in den Ofen schieben und den Teig ca. 4 Min. backen, bis er leicht bräunt. 2 EL Teig daraufstreichen (Bild 1) und wieder backen. Auf diese Weise den Teig aufbrauchen. Das ergibt etwa 7 Teigschichten.

3 Die Platte auf die Arbeitsfläche stürzen, etwas abkühlen lassen und das Backpapier abziehen. Die Kanten gerade schneiden, die Platte halbieren. Die Konfitüre, falls nötig, pürieren und etwas davon auf eine Hälfte streichen. Die andere Platte so daraufauflegen, dass der Stapel überall gleich dick ist. Den Stapel mit einem Brett beschweren (Bild 2) und abkühlen lassen.

4 Puderzucker auf die Arbeitsfläche streuen. Das restliche Marzipan auf die Größe des Stapels ausrollen. Die Oberfläche des Stapels mit Konfitüre bestreichen, Marzipan auflegen. Stapel in 15 gleich große Stücke schneiden (Bild 3). Diese ringsherum mit Konfitüre bestreichen.

5 Für den Überzug Zartbitterschokolade hacken. Die Crème fraîche erhitzen, aber nicht kochen, die Schokolade einrühren, bis sie schmilzt. Die Küchlein damit überziehen. Das geht am besten mithilfe eines Tafelmessers.

6 Für die Deko die Schokolade schmelzen und auf ein Backblech oder eine Marmorplatte gießen. Erkalten lassen; sie soll aber noch nicht ganz hart sein. Mit einem Spatel darüberschaben, die Späne zu Röllchen formen (Bild 4 und Innenklappe hinten) und diese auf die Fours setzen. Die Baumkuchen-Fours 30 Min. kalt stellen.

TIPPS

Statt mit Schokoröllchen mit Himbeeren, kleinen Waldbeeren oder kandierten Veilchen dekorieren.
Die Küchlein kann man ohne Überzug gut einfrieren.

Strudelröllchen mit Marzipan-Dattel-Füllung

Die mit Pistazien gefärbte cremige Füllung schmeckt auch pur: Einfach zu Kugeln formen
und diese in geschmolzene Schokolade tauchen – fertig sind köstliche Pralinen!

5 getrocknete Datteln (ca. 100 g) | 100 g Marzi-panrohmasse | 40 g Pistazienkerne | 2 EL Wein-brand oder Wasser | 80–100 g Butter | 2 Strudel-teigblätter (à 100 g, ca. 30 × 40 cm) | je 50 g weiße Schokolade und Zartbitterschokolade gehackte Pistazienkerne zum Bestreuen

Für 16 Stück
🕐 40 Min. Zubereitung | 15 Min. Backen

1 Datteln entsteinen und zerkleinern. Marzipan in Stücke schneiden. Datteln, Marzipan, Pistazien und Weinbrand im Blitzhacker pürieren. Backofen auf 180° (Umluft 160°) vorheizen.

2 Butter zerlassen. Jedes Strudelteigblatt längs in 4 Streifen schneiden, jeden Streifen quer halbieren. Mit Butter bestreichen. Auf den unteren Rand der Teigstücke je ca. 1 TL Füllung geben (rechts und links 2–3 cm frei lassen). Aufrollen, die Enden wie Bonbonpapier zusammendrehen. Die Röllchen mit Butter bepinseln und aufs mit Backpapier belegte Blech legen. Im Ofen ca. 15 Min. (Mitte) backen.

3 Vom Blech nehmen, abkühlen lassen. Schoko-laden getrennt über einem warmen Wasserbad schmelzen. 8 Röllchen mit weißer, 8 mit dunkler Schokolade bestreichen und dann mit Pistazien bestreuen. Zum Servieren um die Enden Schleifen binden, wie bei Knallbonbons.

TIPP – STRUDELTEIG

Es gibt Strudelteig in verschiedenen Packungsgrößen, Maßen und Blattstärken. Für dieses und das Rezept auf S. 49 wurden 100 g schwere Teigblätter verwendet, die einzeln verpackt angeboten werden. Außerdem gibt es Packungen mit mehreren extradünnen Blättern. Statt 1 Teigblatt können Sie je 2 oder 3 dünne Filoteigblätter mit Butter bestreichen, aufeinanderlegen und wie im Rezept beschrieben fortfahren.

würzig-süß

Ziegenkäsepäckchen mit Kirschen

Sie haben Appetit auf eine kleine Nascherei, aber sie soll bitte nicht zu süß sein? Dann sind diese Päckchen vielleicht das Richtige für Sie!

150 g Ziegenfrischkäse | 3 TL flüssiger Honig
8 frische Kirschen | 40 g Butter | 1 Strudelteig-
blatt (100 g, ca. 30 × 40 cm)

Für 8 Stück
⏱ 15 Min. Zubereitung | 15 Min. Backen

1 Den Backofen auf 180° (Umluft 160°) vorheizen.
Ein Backblech mit Backpapier belegen. Den Ziegen-
käse mit einer Gabel zerdrücken und mit 1 TL Honig
cremig rühren. Kirschen waschen und entsteinen.

2 Die Butter zerlassen. Strudelteigblatt in 8 Stücke
(je ca. 13 × 10 cm) schneiden – restlichen Teig
anderweitig verwenden oder wegwerfen. Teigstücke mit Butter bestreichen und jeweils in die Mitte
etwas Ziegenkäsecreme geben. Darauf 1 Kirsche
setzen. Die entgegengesetzten Teigecken über der
Füllung zusammendrücken. Alle vier Ecken oben
zusammendrehen, um die Päckchen vollständig zu
schließen. Die Päckchen mit flüssiger Butter bepinseln, auf das Backblech setzen und im Ofen (Mitte)
ca. 15 Min. backen. Mit dem restlichen Honig
beträufeln und lauwarm servieren.

VARIANTE – BLÄTTERTEIGTASCHEN

Gut schmeckt die Ziegenkäsefüllung auch in Blätterteig.
Dafür 1 Rolle gekühlten Blätterteig (30 × 40 cm) entrollen und in 8 Stücke (je ca. 13 × 10 cm) schneiden. Auf
die unteren Hälften etwas honiggesüßten Ziegenfrisch-
käse und ½ Aprikose (Dose) geben; die freien Hälften
darüberklappen. 1 kleines Ei verquirlen. Die Teigränder
damit bestreichen und zusammendrücken. Taschen mit
restlichem Ei bestreichen und wie angegeben backen.
Die Teigtaschen mit 1–2 TL Honig beträufeln und nach
Belieben mit geröstetem Sesam bestreuen.

machen was her

Mohn-Preiselbeer-Törtchen

Die herb-süßen Törtchen haben genau die richtige Größe, um sie als Dessert oder als kleine Zugabe zu einer Tasse Kaffee anzubieten.

Für den Teig:
100 g weiche Butter
100 g Zucker | 1 Prise Salz
4 Eier
100 g Marzipanrohmasse
100 g gemahlener Mohn | 30 g Mehl
Für die Füllung:
8 Blatt weiße Gelatine
2 Bio-Orangen
600 g griechischer Sahnejoghurt (10 %)
2 EL Honig zum Süßen (oder nach Geschmack)
ca. 100 g Preiselbeerkompott oder -konfitüre

Für 18 Stück | 🕐 1 Std. 30 Min. Zubereitung
1 Std. Kühlen | 25 Min. Backen

1 Den Backofen auf 160° vorheizen. Ein verstellbares Backblech auf 30 × 30 cm einstellen, mit Backpapier belegen. Für den Teig die Butter mit 50 g Zucker und dem Salz cremig rühren. Die Eier trennen. Eigelbe unterrühren. Das Marzipan auf der Gemüsereibe raspeln, dazugeben und unterrühren. Eiweiße mit dem restlichen Zucker steif schlagen. Auf die Butter-Eigelb-Creme geben; Mohn und Mehl daraufstreuen. Alles unter die Creme ziehen. Den Teig auf das Blech streichen; 20–25 Min. im Ofen (Mitte; Umluft 140°) backen. Den Kuchen herausnehmen, vom Blech ziehen und auskühlen lassen.

2 Für die Füllung die Gelatine nach Packungsangabe in kaltem Wasser einweichen. Die Orangen waschen. Schalen abreiben, 1 Frucht auspressen,

100 ml Saft abmessen. Den Joghurt mit dem Honig und 50 ml Saft verrühren. Restlichen Saft erhitzen, Gelatine darin auflösen. Unter die Joghurtcreme mischen. 40–60 Min. kalt stellen, bis die Creme zu gelieren beginnt und streichfähig ist.

3 Den Kuchen längs oder quer halbieren. Eine Hälfte mit Preiselbeeren bestreichen, darauf die Hälfte des Orangenjoghurts streichen. Das Ganze mit der zweiten Kuchenhälfte bedecken.

4 Kuchen ca. 1 Std. kühl stellen, bis die Füllung schnittfest ist. In 5 cm große Quadrate schneiden. Jedes Stück an den Seiten mit restlicher Orangen-Joghurtcreme bestreichen. Die übrige Orange dick schälen und in Stückchen schneiden. Die Kuchenstücke mit etwas Preiselbeerkompott und Orangen garnieren. Bis zum Servieren kühl stellen.

TIPP – ORANGENKARAMELL
Servieren Sie dazu nach Belieben noch einen Orangenkaramell. Dafür die Schale von 1 Bio-Orange mit dem Zestenreißer in feinen Streifen abziehen. 3–4 Orangen auspressen, Sie benötigen 300 ml Saft. 50 g Zucker in einem Topf bei mittlerer Hitze langsam karamellisieren lassen, bis er bernsteinfarben ist, Orangensaft und -schale dazugeben. Alles bei mittlerer Hitze auf etwa ein Drittel sirupartig einkochen lassen.

Schoko liebt jeder!

Wiener Türmchen

100 g Zartbitterschokolade
65 g weiche Butter | 50 g Zucker
4 Eier (M) | 2 EL Puderzucker | 50 g Mehl
1 großer Apfel (z. B. Boskop)
2 EL Gelierzucker (2 : 1)
100 g Vanillejoghurt
150 g Zartbitterkuvertüre
8 dünne Schokoladentäfelchen
Zucker zum Arbeiten

Für 16 Stück | ⊚ 1 Std. Zubereitung
30 Min. Kühlen | 12 Min. Backen

1 Backofen auf 170° (Umluft 150°) vorheizen. Schokolade zerteilen, über einem warmen Wasserbad schmelzen, etwas abkühlen lassen. Butter mit Zucker cremig rühren. Eier trennen und die Eigelbe einzeln unterschlagen. Dann die geschmolzene Schokolade unterrühren.

2 Eiweiße erst leicht, dann mit Puderzucker sehr steif schlagen. Auf die Schokomasse geben, Mehl darüberstreuen. Mit einem Kochlöffel vorsichtig vermengen. Teigmasse auf ein mit Backpapier belegtes Blech streichen. Im Ofen (Mitte) 12–14 Min. backen. Zucker auf die Arbeitsfläche streuen, den Biskuit daraufstürzen. Backpapier abziehen, Platte längs in 4 Streifen schneiden.

3 Apfel schälen, entkernen und sehr klein würfeln. Mit dem Gelierzucker aufkochen und 1–2 Min. bei starker Hitze kochen lassen. Biskuitplatten dünn mit Joghurt bestreichen und Äpfel darauf verteilen. Streifen von der kurzen Seite her aufrollen und 30 Min. kalt stellen.

4 Rouladen einmal längs halbieren, dann noch einmal quer durchschneiden, sodass Halbkreise entstehen. Kuvertüre überm Wasserbad schmelzen. Kuchenstücke mit der geraden Fläche eintauchen und auf einem Kuchengitter (Pergamentpapier darunterlegen) trocknen lassen. Schokotäfelchen mit Kuvertüre auf die Kuchen »kleben«. Die übrige Kuvertüre in einen Frühstücksbeutel füllen, eine ganz kleine Spitze abschneiden und die Täfelchen nach Lust und Laune verzieren.

DEKO-TIPP
Die Rouladen halbieren, sodass 8 Kreise entstehen. 8 Streifen Backpapier so zuschneiden, dass sie so hoch sind wie die Türmchen und rundherum passen, plus 1 cm zum Überlappen. Die Kuvertüre auf die Streifen streichen, diese um die Türmchen legen (s. Innenklappe hinten). Kalt stellen. Wenn die Kuvertüre fest ist, das Backpapier abziehen.

VARIANTE – SACHERHERZEN
Für 6 oder 8 Stück (je nach Form) Teig aus 100 g Zartbitterschokolade, 75 g Butter, 50 g Zucker, 3 Eiern, 2 EL Puderzucker und 50 g Mehl wie links beschrieben herstellen, in die Mulden einer flexiblen Herzform füllen und ca. 20 Min. backen. Abkühlen lassen. Quer ein- bis zweimal durchschneiden. Mit 80 g Aprikosenkonfitüre (evtl. püriert) bestreichen. Zusammensetzen. Für die Sacherglasur 130 g Zucker mit 85 ml Wasser 5–6 Min. bei starker Hitze sprudelnd kochen, vom Herd nehmen. 100 g Kuvertüre darin schmelzen. Unter Rühren zähflüssig abkühlen lassen. Dann die Herzen auf eine Pralinengabel spießen und durch die Glasur ziehen. Auf Pergamentpapier trocknen lassen.

ganz modern

Schoko-Minz-Eclairs

50 g Bitterschokolade (70 %) | 50 g Butter
1 Prise Salz | 175 g Mehl | 4 Eier
25 g Minzeblättchen (ca. 2 Bund)
1 TL Zitronensaft | 1–2 EL flüssiger Honig
100 g Mascarpone | 100 g Magerquark
1 EL Minzlikör oder Zitronensaft | 60 g Puderzucker

Für ca. 50 Stück | ⊚ 1 Std. 30 Min. Zubereitung
25 Min. Backen pro Blech

1 Für die Brandmasse ¼ l Wasser mit Schokolade in Stückchen, Butter und Salz unter Rühren bei schwacher bis mittlerer Hitze aufkochen, bis Butter und Schokolade geschmolzen sind. Bei ganz schwacher Hitze Mehl auf einmal dazuschütten, dabei mit einem Holzlöffel rühren, bis sich die Masse als Kloß vom Topfboden löst. Den Topf vom Herd nehmen und die Masse etwas abkühlen lassen. Dann mit den Knethaken des Handrührgeräts die Eier einzeln unterrühren.

2 Den Backofen auf 180° vorheizen. Die Masse in einen Spritzbeutel mit großer Sterntülle füllen. 50 ca. 10 cm lange Streifen mit etwas Abstand zueinander auf zwei mit Backpapier belegte Backbleche spritzen. Die Eclairs nacheinander im Ofen (Mitte, Umluft nicht geeignet) 20–25 Min. backen. Herausnehmen, sofort mit einer Schere längs aufschneiden und auskühlen lassen.

3 Für die Füllung die Minze mit Zitronensaft und Honig fein pürieren. Kräuterpüree mit Mascarpone und Quark cremig rühren. Untere Teighälften mit Creme füllen, die oberen als Deckel daraufsetzen. Likör oder Zitronensaft und Puderzucker verrühren. Eclairs mit der Glasur verzieren.

klassisch

Windbeutelchen

200 g TK-Beerenmischung
100 g Zucker
4 Blatt weiße Gelatine
100 g Mascarpone | 100 g Magerquark
2 EL Cassis oder Johannisbeersirup
½ EL Zitronensaft
50 g Butter | 1 Prise Salz
2 Päckchen Vanillezucker
150 g Mehl | 4 Eier
Puderzucker zum Bestäuben

Für ca. 50 Stück | ⊚ 1 Std. 30 Min. Zubereitung
30 Min. Kühlzeit | 25 Min. Backen pro Blech

1 Für die Füllung die Beeren mit dem Zucker bestreuen und auftauen lassen. Die Gelatine nach Packungsangabe in kaltem Wasser einweichen. Die Beeren durch ein grobmaschiges Sieb streichen. Mascarpone mit Quark und Beerenmark verrühren. Cassis und Zitronensaft erhitzen, die ausgedrückte Gelatine darin auflösen. Unter die Beerencreme rühren. Ca. 30 Min. kalt stellen, bis die Creme beginnt, fest zu werden.

2 Aus ¼ l Wasser, Butter, Salz, Vanillezucker, Mehl und Eiern wie links beschrieben eine Brandmasse herstellen. Den Backofen auf 180° vorheizen. Zwei Backbleche mit Backpapier belegen. Ca. 50 gut walnussgroße Häufchen mit etwas Abstand auf die Bleche spritzen. Nacheinander im Ofen (Mitte, Umluft nicht geeignet) 20–25 Min. backen. Dann herausnehmen; sofort mit einer Schere aufschneiden und auskühlen lassen. Beerencreme mit einem Teelöffel oder einem Spritzbeutel mit Sterntülle in die Windbeutel füllen. Mit Puderzucker bestäuben.

raffiniert

Prosecco-Törtchen mit Weintrauben

Auf einen mit Schokoladencreme bestrichenen Mandelbiskuit werden zarte Prosecco-Sülzchen mit Weintrauben gestürzt.

Für den Teig:

3 Eier | 60 g Zucker

50 g Mehl | 20 g gemahlene Mandeln

Puderzucker zum Stürzen

Für die Schokoladencreme:

125 g Crème double

50 g weiße Schokolade

Für das Gelee:

5 Blatt weiße Gelatine

100 ml heller Traubensaft | ¼ l rosa Prosecco

30 grüne und blaue kleine kernlose Weintrauben

Für 1 flexible Halbkugelform mit 6 Mulden à 75 ml Inhalt

🕐 1 Std. Zubereitung | 1 Std. 30 Min. Kühlen

1 Den Backofen auf 170° (Umluft 150°) vorheizen. Eier und Zucker zu einer dicken Creme schlagen. Mehl und Mandeln mischen und unterheben. Die Masse auf ein mit Backpapier belegtes Backblech streichen (etwa 40 × 25 cm – evtl. mit Alufolie einen Rand formen, um die notwendige Größe abzustecken) und im Ofen (Mitte) 10–12 Min. backen. Die Mandelbiskuitplatte auf ein mit Puderzucker bestäubtes Geschirrtuch stürzen. Das Backpapier abziehen. Kuchen abkühlen lassen.

2 Inzwischen fürs Gelee Gelatine nach Packungsangabe in kaltem Wasser einweichen. Den Saft erhitzen und die Gelatine darin auflösen. Flüssigkeit etwas abkühlen lassen, dann den Prosecco dazugießen. Ca. 2 EL der Flüssigkeit in jede Mulde

füllen. Ca. 30 Min. kalt stellen und erstarren lassen. Die Weintrauben kreisförmig (1 helle, 1 dunkle im Wechsel) auf dem Gelee anordnen. Die restliche Flüssigkeit auf die Förmchen verteilen. Etwa 1 Std. kalt stellen, bis die Sülzchen vollständig fest sind.

3 Aus dem Mandelbiskuit 6 Kreise ausstechen, die 2 cm größer als der untere Durchmesser der Gelees sind. Für die Schokoladencreme die Crème double erhitzen und die gehackte Schokolade darin schmelzen. Etwa die Hälfte der Creme auf die Biskuitkreise streichen. Etwas fest (aber nicht ganz fest) werden lassen. Sülzchen daraufstürzen. Die restliche Creme in einen Spritzbeutel mit Sterntülle füllen und in Tupfen rundum die Sülzchen setzen. Wer mag, kann die Tupfen nach Belieben noch mit kleinen Weintrauben garnieren.

VARIANTEN

Pfirsichtörtchen: Aus hellem Traubensaft, Prosecco und pro Törtchen 3 Pfirsichspalten Sülzchen zubereiten. Die Mandelbiskuitböden mit Amarettosahne bestreichen und die Törtchen damit garnieren. Dafür 150 g Sahne mit 1–2 EL Amaretto und Zucker nach Geschmack steif schlagen.

Prosecco-Schnittchen: Den Mandelbiskuit in einer eckigen Backform (ca. 30 × 30 cm) backen. In der Form abkühlen lassen. Schokocreme daraufstreichen, diese mit Weintrauben belegen. Schokocreme fest werden lassen. Gelierflüssigkeit darübergießen und im Kühlschrank in ca. 2 Std. erstarren lassen. In Stückchen schneiden.

Nata-Törtchen

*In Portugal liebt man es süß! Wir haben die Zuckermenge schon drastisch reduziert –
in Portugal nimmt man 250 g! Die Pasteís de nata schmecken frisch am besten.*

1 Vanilleschote | ⅛ l Milch | 1 TL Butter | 50–100 g
Zucker | 1 Prise Salz | 10 g Mehl | 1 Rolle Blätter-
teig (275 g; Kühlregal) | 1 Ei | 1 Eigelb
Außerdem: 1 Mini-Muffinblech mit 24 Mulden
oder Espressotassen

Für 24 Stück | ⏱ 30 Min. Zubereitung
30 Min. Kühlen | 20 Min. Backen

1 Vanilleschote aufschlitzen. Milch mit Butter und
Schote aufkochen. Zucker, Salz und Mehl mischen.
Vanilleschote aus der Milch nehmen, die Zucker-
mischung hineinschütten und kräftig einrühren.
Aufkochen lassen. 30 Min. abkühlen, dabei immer
wieder rühren.

2 Zugleich den Blätterteig entrollen, vom Papier
nehmen und von der kurzen Seite her aufrollen. Ins
Tiefkühlgerät legen, bis die Creme fertig ist.

3 Backofen auf 240° (Umluft 220°) vorheizen. Ei
und Eigelb unter die Creme rühren. Von der Teigrolle
24 1 cm dicke Scheiben schneiden, flach drücken
und in die Formen drücken. Creme in ein Kännchen
geben und bis kurz unter den Teigrand hineingießen.
Törtchen im Ofen (Mitte) 15–20 Min. backen, bis die
Füllung richtig braun ist. (Natas in Espressotassen
brauchen etwas länger.) Herausnehmen, etwas abkühlen lassen und gleich aus den Formen lösen.

VARIANTEN
Nusscreme: Creme mit 4 EL Zucker zubereiten und statt
Mehl gemahlene Haselnüsse nehmen. 1–2 TL Leb-
kuchengewürz dazugeben. Mit Puderzucker bestäuben.
Zitronencreme: 4 Eier mit 250 g Zucker und 1 TL abgeriebener Schale sowie Saft von 2 Bio-Zitronen verrühren. In
die Teigschalen füllen und 10 Min. im vorgeheizten Ofen
bei 180° (Mitte, Umluft 160°) backen.

Käsetörtchen weiß-schwarz

Zu Recht sind Käsekuchen und -torten in allen Varianten äußerst beliebt. Hier sind Mini-Versionen, die den Großen bestimmt in nichts nachstehen.

250 g Magerquark | 200 g Crème fraîche
100 g Zucker | 1 Päckchen Vanillezucker
1 TL abgeriebene Bio-Orangenschale | 3 Eier
1 Päckchen Vanillepuddingpulver | 100 g Zart-
bitterschokolade | 2 EL Orangenlikör oder Oran-
gensaft | 1 Prise Salz | 100 g Doppelrahmfrisch-
käse | kandierte Orangenschalenstreifen für die
Deko (s. S. 6) | Puderzucker und Kakaopulver
zum Bestäuben

Für 12–14 flexible normale Muffinformen
⊙ 30 Min. Zubereitung | 25 Min. Backen

1 Den Backofen auf 180° vorheizen. Quark mit der Crème fraîche, dem Zucker, dem Vanillezucker und der Orangenschale verrühren. Die Eier trennen. Die Eigelbe und das Puddingpulver unter die Quarkmasse mischen.

2 50 g Schokolade in 1 EL Orangenlikör schmelzen und abkühlen lassen. Die Hälfte der Quarkmasse mit der Schokolade verrühren. Die Eiweiße mit dem Salz steif schlagen. Eine Hälfte Eischnee unter die helle Quarkmasse, die andere unter die dunkle ziehen.

3 Jeweils 1 EL dunkle und darauf 1 EL helle Quarkmasse in die Förmchen füllen, sodass sie nur zu drei Vierteln gefüllt sind. Im Ofen (Mitte, Umluft 160°) 25 Min. backen. In den Förmchen abkühlen lassen, dann herausnehmen.

4 Restliche Schokolade mit restlichem Orangenlikör schmelzen. Etwas abkühlen lassen, dann mit dem Frischkäse cremig rühren. Die Masse auf den Muffins verteilen, dabei Spitzen stehen lassen. Mit kandierten Orangenschalenstreifen garnieren und mit einer Mischung aus Puderzucker und Kakaopulver bestäuben.

Zum Gebrauch
Damit Sie Rezepte mit bestimmten
Zutaten noch schneller finden können,
stehen in diesem Register zusätzlich
auch beliebte Zutaten wie **Mandeln**
oder **Sahne** – ebenfalls alphabetisch
geordnet und **hervorgehoben** – über
den entsprechenden Rezepten.

**Internetversender für
Backutensilien**
www.edelstahl-in-bestform.de
www.tortissimo.de
www.hobbybaecker.de
www.backfun.de
www.tortenfee.de

Die Temperaturangaben bei Gas-
herden variieren von Hersteller zu Hersteller. Welche Stufe Ihres Herdes der
jeweils angegebenen Temperatur ent-
spricht, entnehmen Sie bitte der Ge-
brauchsanweisung. Bei Elektroherden
können die Backzeiten je nach Herd
variieren. Bei Kuchen empfiehlt sich
immer die Stäbchenprobe. Dazu mit
einem Holzstäbchen in die Mitte des
Gebäcks stechen, kurz warten und wieder herausziehen. Klebt kein Teig am
Stäbchen, ist das Gebäck fertig.

Unsere Garantie

Alle Informationen in diesem Ratgeber sind sorgfältig und gewissenhaft geprüft. Sollte dennoch einmal ein Fehler enthalten sein, schicken Sie uns das Buch mit dem entsprechenden Hinweis an unseren Leserservice zurück. Wir tauschen Ihnen den GU-Ratgeber gegen einen anderen zum gleichen oder ähnlichen Thema um.

Liebe Leserin und lieber Leser,

wir freuen uns, dass Sie sich für ein GU-Buch entschieden haben. Mit Ihrem Kauf setzen Sie auf die Qualität, Kompetenz und Aktualität unserer Ratgeber. Dafür sagen wir Danke! Wir wollen als führender Ratgeberverlag noch besser werden. Daher ist uns Ihre Meinung wichtig. Bitte senden Sie uns Ihre Anregungen, Ihre Kritik oder Ihr Lob zu unseren Büchern.
Haben Sie Fragen oder benötigen Sie weiteren Rat zum Thema? Wir freuen uns auf Ihre Nachricht!

Wir sind für Sie da!
Montag–Donnerstag:
8.00–18.00 Uhr;
Freitag: 8.00–16.00 Uhr
Tel.: 08 00/7 23 73 33
Fax: 08 00/5 01 20 54
(kostenlose Servicenummern)
E-Mail:
leserservice@graefe-und-unzer.de

P.S.: Wollen Sie noch mehr Aktuelles von GU wissen, dann abonnieren Sie doch unseren kostenlosen GU-Online-Newsletter.

GRÄFE UND UNZER VERLAG
Leserservice
Postfach 86 03 13
81630 München

© 2009
GRÄFE UND UNZER VERLAG GmbH, München

Alle Rechte vorbehalten. Nachdruck, auch auszugsweise, sowie die Verbreitung durch Film, Funk, Fernsehen und Internet, durch fotomechanische Wiedergabe, Tonträger und Datenverarbeitungssysteme jeglicher Art nur mit schriftlicher Genehmigung des Verlages.

Projektleitung: Birgit Rademacker
Lektorat: Cora Wetzstein
Layout, Typografie und Umschlaggestaltung: independent Medien-Design, Horst Moser, München
Satz: Liebl Satz+Grafik, Emmering
Herstellung: Claudia Labahn
Reproduktion: Repro Ludwig, Zell am See
Druck und Bindung: Firmengruppe APPL, aprinta druck, Wemding

Syndication:
www.jalag-syndication.de

ISBN 978-3-8338-1824-0

4. Auflage 2013

Umwelthinweis

Dieses Buch ist auf PEFC-zertifiziertem Papier aus nachhaltiger Waldwirtschaft gedruckt.

 www.facebook.com/gu.verlag

Ein Unternehmen der
GANSKE VERLAGSGRUPPE

Die Autorinnen

Adelheid Schmidt-Thomé arbeitet seit 20 Jahren als Lektorin für namhafte Kochbuch-Verlage. Die bunten Macarons und anderen feinen Kleinigkeiten, die man zurzeit in guten Cafés bekommt, haben sie dazu verführt, Lieblingsrezepte in einem Backbuch zu versammeln.

Cornelia Klaeger ist Diplom-Oecotrophologin. Seit 20 Jahren produziert sie Koch- und Backbücher für zahlreiche Verlage. Aus ihrer Leidenschaft für süße Kleinigkeiten sind diverse Rezepte für feine kleine Törtchen entstanden, die bei Familie, Freunden und Nachbarn längst zu Favoriten geworden sind.

Der Fotograf

Jörn Rynio zählt zu seinen Auftraggebern internationale Zeitschriften, namhafte Buchverlage und Werbeagenturen. Mit einer großen Portion Kreativität und appetitanregendem Styling setzt der Hamburger Fotograf Food-Spezialitäten stimmungsvoll in Szene. Tatkräftig unterstützt wird er von seinen Stylistinnen Petra Speckmann (Food) und Michaela Suchy (Requisite).

Bildnachweis

Alle Fotos Jörn Rynio, Hamburg

Titelbildrezept

Beeren-Tarteletts (Variante Mini-Tarteletts, S.26), Macarons (S. 13–15), Petits Fours (S. 43)

Appetit auf mehr?

Kurzrezepte für Böden

Hippen

Knusperböden

Taler

Die Böden kann man gut im Vorrat haben. Sie sind schnell mit einer der Cremes aus den Rezepten, einer Quarkcreme oder einem Schokodessert gefüllt.

Hippenschalen: Für 10 Stück den Backofen auf 180° (Umluft 160°) vorheizen. 30 g Butter mit 70 g Zucker, 50 ml Orangensaft, 40 g Mehl und 1 TL abgeriebener Bio-Orangenschale mit den Quirlen des Handrührgeräts verrühren. Ein Backblech mit Backpapier belegen und in großem Abstand fünfmal je 1 EL Teig auf das Blech setzen. Im Ofen (Mitte) 8 Min. backen. Gleich mit einer Palette vom Blech nehmen und heiß in einem Schälchen oder in Briocheformen zu Körbchen formen. Restlichen Teig ebenso backen. Schalen mit Creme und Obst füllen (s. z. B. S. 26).
Variante – Brandy Snaps: Den Teig noch mit 1 TL gemahlenem Ingwer und 1 TL Rum würzen.

Kokos-Knusper-Böden: Für 8 Stück 200 g Zartbitterkuvertüre und 100 g Butter über einem warmen Wasserbad schmelzen. 8 Untertassen mit Frischhaltefolie belegen. 100 g grobe Haferflocken ohne Fett

anrösten. 75 g Cornflakes leicht zerdrücken und mit der Kuvertüre unter die Flocken mischen. Auf den Untertassen zu Kreisen mit ca. 8 cm Ø verstreichen. 2 Std. kalt stellen. Mit Obst belegen, evtl. mit Tortenguss überziehen.

Keksböden: Für 5 Stück 200 g Butterkekse (auch Vollkorn-Variante möglich) in einem Gefrierbeutel mit der Teigrolle zermahlen. 100 g Butter schmelzen und mit den Bröseln verkneten, bis alles zusammenhält, evtl. 1 EL Sahne dazugeben. Untertassen mit Frischhaltefolie auslegen, Teig darauf zu runden Böden formen. Ca. 1 Std. kalt stellen. Roh mit Schlagsahne und Obst belegen.

Taler: Für 10 Stück 50 g Nusskerne (z. B. Pinienkerne, Macadamia) grob hacken und in einer Pfanne ohne Fett rösten. Mit 100 g weicher Butter, 50 g Zucker, 150 g Mehl und etwas abgeriebener Zitronenschale verkneten. Auf Mehl ausrollen, 10 Kreise oder Rechtecke ausschneiden und im vorgeheizten Backofen bei 180° (Mitte, Umluft 160°) 10 Min. backen. Mit Sahne oder Creme und Obst belegen.